英雄也有這一面

不要問，很可怕！
華盛頓拔黑奴牙齒做假牙？愛迪生跟鬼講電話？
33 個讓你睡不好的歷史顫慄真相

堀江宏樹——著
Hiroki Horie

前言

在「光與影」的反差之中，回顧那些歷史舞台

人們都喜歡隱藏在成功事蹟背後的「辛酸血淚」。

然而換個角度來看，那些隱藏在榮耀與光明背後的「黑歷史」，也是人們最喜歡的故事題材。

愈是輝煌的榮耀事蹟，當面具剝落、顯露出其真實面貌的那一刻，愈能引發人們強烈的震驚與憤怒，不論古今中外皆然。

世界的歷史便是由「正面」和「反面」互相拉鋸而成。

舉例來說，至今仍以「戰無不勝的無敵英雄」留名青史的拿破崙，很少人知道拿破崙遠征俄羅斯之所以以失敗作結，不僅肇因於俄羅斯的嚴峻氣候，還有他自己

本身盲目到令人難以理解的「固執想法」。

又例如法國皇后瑪麗・安東尼特，她的美貌及豪奢禮服是法國大革命爆發的原因之一，民眾熊熊燃燒的憤怒，甚至將她推上了殘酷的斷頭台。然而故事的反面，卻隱藏著她認定自己是「土氣少女」的深刻自卑。

類似的反面故事還有很多，例如給人無賴印象的俄國作家杜斯妥也夫斯基，竟然像個少年一般戀慕著自己的年輕妻子；還有美國第一任總統華盛頓，竟然拔黑人奴隸的牙齒來製作自己的假牙……這些對於身處現代的我們來說，實在太難以想像。

然而，擁有這類「反面」樣貌的卻不僅止於人類。即便是擁有「花都」美譽的巴黎，過去，其市中心的深處也曾存在著一個巨大墓穴，棄置了堆積如山的屍體。另外，若我們爬梳現代醫學背後的悠久歷史，各式各樣令人毛骨悚然的「最新療法」便會一一現形。

在本書當中，將會殘酷地為讀者揭開這些歷史的「反面」。

愈是光明的表面，隱藏著愈幽深的陰影。

乍看之下，書中所有登場人物和事件都享盡一切的名聲和榮耀，值得銘刻於歷史的一頁。然而在光明的背後，不得而知的深邃黑暗正對我們張開它的血盆大口。

讀完這本書，相信各位讀者對這些原本耳熟能詳的歷史人物，特別是他們令人驚悚的「反面」樣貌，能夠有更深一層的認識。

堀江宏樹

目次

第四章

第五章

第六章

看了「不該看的東西」的人們

第一章

推動時代巨輪的領袖與他們的「眞實面貌」

01

尼祿「最後的伴侶」——見證暴君之死的美少年

羅馬帝國第五任皇帝尼祿（Nero），即便在眾多以品行不良著稱的羅馬皇帝當中，也是特別惡名昭彰的一個。

羅馬帝國自第一任開國君主奧古斯都（Augustus）以來，帝位並非由世襲繼承，而是由皇帝收養「適合成為皇帝的人物」成為養子，並指定其為正式繼承人。

然而從尼祿的養父，也就是第四代皇帝克勞狄烏斯（Claudius）至尼祿繼承王位的過程，卻是一連串的腥風血雨。一般認為克勞迪烏斯之所以食物中毒死亡，是因為他吃了尼祿的母親小阿格里庇娜（Agrippina the Younger）準備的一盤毒蘑菇。

當時尼祿只是一位十六歲的少年。阿格里庇娜認為只要年幼的兒子繼位之後，自己就能順勢掌握實權，然而尼祿遲來的反抗期打亂了她的如意算盤。尼祿和控制欲強的母親之間，也因此開始產生了大大小小的衝突與爭吵。

★恐怖皇帝其實是充滿「愛意」的男人？

尼祿雖然以殘酷暴君的形象聞名於世，他的施政表現卻並非皆為惡政。

即位之後，尼祿第一件事就是為養父舉辦盛大的葬禮，甚至讓權力欲望強烈的母親擁有最高的政治權限。

他不僅宣稱自己將「遵守奧古斯都的遺訓來治世」，亦曾拒絕在處刑執行書上簽名。「不錯過任何表現寬容、仁慈，以及愛情的機會」，歷史學家蘇維托尼烏斯（Suetonius）在其著作《羅馬十二帝王傳》（*The Twelve Caesars*）當中，便記載了尼祿的此一面向。無論眼前之人身分地位為何，尼祿都能立刻記住其面孔和名字並給予問候，為了保障平民大眾的生活，他廢止並降低了許多間接稅，甚至配發給付金。

尼祿亦在公開場合進行軍事訓練，不僅多次舉辦演講，也會在公眾場合朗讀自己創作的詩。他更曾經以歌手的身分公開演唱，雖然他似乎並不具備這方面的天賦。

★接連加害母親、老師，甚至對自己的妻子下毒手

從這些記載當中我們可以得知，尼祿並不只是一個殘暴的惡人，只是他也絕非善類。

尼祿有著難以壓抑衝動的一面，一旦和周遭產生衝突，甚至會藉由皇權迫使對方自殺，或是用計殺害對方。他主導了一連串的種種惡行，也是不爭的事實。尼祿和母親阿格里庇娜的關係逐漸惡化之後，他不僅使計暗殺她，還將自己的授業恩師、哲學家塞內加（Seneca the Younger）逼上自殺一路。

只是，若尼祿沒有登基為皇帝，這些種種惡行或許不會演變到如此糟糕的地步。他應該僅僅是一個情感豐富、浪費鋪張的公子哥罷了，照理來說應該不致於如此短命。然而傳聞尼祿毒殺自己懷孕中的妻子波培婭（Poppaea Sabina），或另有一說為尼祿一氣之下將她踢死，根據這些紀錄，實在難以為他的「殘暴」行徑開脫。除此之外，尼祿還鍾情於一位名為斯波魯斯（Sporus）的少年，不僅將他視為女性，還迎娶他成為自己的妻子。某種程度而言，也算是尼祿的暴行之一。

★尼祿最後迎娶的妻子「被強行去勢的少年」

根據前述曾提及的歷史學家蘇維托尼烏斯的記載，尼祿愛上了當時年僅十歲的斯波魯斯，他「閹割他的生殖腺，試圖在生理性別上將他改造為女人，還資助嫁妝，令其披上新娘面紗，並為兩人舉辦結婚典禮」。

不過，「尼祿試圖使斯波魯斯在性別上成為女人」是否等於「施以變性手術」，這一點恐怕有過度解釋之疑。筆者判斷應該僅止於「讓他穿上女裝」的程度而已。因為在沒有抗生素的古代，想要成功執行比單純去勢風險更大的變性手術，應該是不可能的任務。

斯波魯斯雖然出身低賤，被父母賣作奴隸，但他從小擁有優美的嗓音，上天同時也賦予他唱歌的天賦。為了維持變聲前的少年高音，斯波魯斯很可能在與尼祿相遇之前就已經被閹割了。畢竟在當時的羅馬，非自願而遭到閹割的可憐男孩也並不少見。

如此這般，儘管細節並不明確，少年斯波魯斯卻成為了尼祿的第四任妻子。只是在當時，尼祿的斷袖之癖並不為羅馬的上流社會所允許。雖然從尼祿過去曾經把自己「嫁給」一位名為畢達哥拉斯（不是大家熟悉的那位數學家畢達哥拉斯）的男性當妻子，顯示了當時同性戀文化在羅馬的盛行程度，但是對尼祿這樣身分地位高貴的男性來說，公然的同性戀愛關係仍是與身分不符的不適切行為。

★「死有那麼可怕嗎?」一名隨從的無禮暴言

尼祿雖然擁有一群擁戴自己的狂熱粉絲，卻因為在施政關鍵上總是不到位的緣故，他的支持率從長期的角度來看，只有逐漸走下坡一途。

就在尼祿即位後第十四年，蘇維托尼烏斯留下「世界終於捨棄了他」這樣的紀錄。

隨著高盧（現代法國的所在地）地區開始揭竿起義，其他地區也在尼祿尚未反應過來之時紛紛群起響應，一連串的暴動使得情況不斷惡化。

據傳，當尼祿詢問身側是否願意追隨他，與他同進退時，宮殿的一名侍衛卻脫口說出「死有那麼可怕嗎？」這樣的一句無禮暴言。

慢慢地，宮殿內再也找不到任何一名守衛的身影，直到最後仍陪伴在尼祿身邊的，只剩下包含斯波魯斯在內的寥寥四人。只是，就連這四個人都勸尼祿趕緊自盡，因為對羅馬的男人來說，沒有比苟活更羞恥的事了。

尼祿真的決意自盡，則是在被捕後，得知處刑方式有多殘忍之後的事了。

據說尼祿自盡之前還在哀嘆自己的死，喃喃唸著「這麼優秀的藝術家難道就要殞命於此」、「希望有人可以先死一次給我參考」云云。

尼祿身為一國之帝，這樣的結局誠然過於狼狽，但他或許純粹只是難以接受自己的人生，竟然會以這樣的形式嘎然而止……，筆者不得不這麼想。

尼祿親手將利刃刺入自己的喉嚨，在他彌留之際，隱約看到追捕他的士兵往自己的方向飛奔而來。尼祿誤以為士兵們是為了營救自己而來，他喃喃自語「這就是忠義嗎……」之後，嚥下最後一口氣。

尼祿死時仍不瞑目，極端怨恨的恐怖神情，令眼見者無不顫慄。

★惹人厭之人所愛的少年的末路

尼祿死後，蘇維托尼烏斯認為人們都「雀躍不已」，然而另一方面，因為仰慕尼祿而來到他墳前獻花的人們亦是絡繹不絕。

或許是因為尼祿的生活過於豪奢的關係，明明才三十歲出頭，卻擁有慘不忍睹的身體，腹部凸出、四肢瘦弱……，僅有五官依舊維持著端正的樣貌。

另一方面——尼祿先走一步之後，斯波魯斯在尼祿死後約四年左右得到奧托皇帝（Otho）的寵愛，雖然只是短短的三個月。隨後，奧托皇帝也被迫自殺了，這次輪到斯波魯斯被判處死刑了。

斯波魯斯接連受寵於尼祿和奧托兩個備受世間厭惡之人，據說他不願在公眾面前受辱，亦不願被公開處刑，最終悄悄地自殺了。

02

無敵拿破崙的敗因——恐怖的「感染症」

一八一二年，法國皇帝拿破崙．波拿巴（Napoléon Bonaparte）在與俄羅斯帝國的戰爭中大敗，成為他日後垮台的關鍵。

當時，拿破崙所率領的軍隊不僅只有法國本地的軍隊，他更向奧地利、德國等國徵兵，組成了一支多國大軍。據說士兵總數最高達到六十七萬八千零八十人（夏爾蒂尼說，此為截至一八一二年六月一日的預估人數），最低也有四十二萬二千人（法國總統提耶爾〔Adolphe Thiers〕說）。

在士兵人數方面，為什麼這兩種說法有如此大的差距？

據說因為拿破崙經此一役大敗，名譽受損，於是所有相關資料早在敗逃當時就遭到燒毀。而且在多國軍隊當中，隸屬於法國的士兵僅僅只有三萬人左右，這是因為拿破崙在位時各項戰事不斷，法國年輕人對徵兵已感到相當厭煩，因此募集到的士兵數量才會那麼少。

就戰爭結果來看，此役的損失也最為慘重。戰爭結束後，能從戰場上平安歸國的人數僅有數千人，即使將半途離開的逃兵也算進來，能夠回家的也不滿四萬人。一般來說，在十九世紀當時的戰事能夠倖存的士兵，約莫只有總數的三分之一，然而這場戰役的倖存人數卻遠低於這個數字，正可謂最糟糕的結果。

★擊垮「軍事天才」的瘟疫

以「軍事天才」聞名的拿破崙，為何會在這場戰役當中一敗塗地？

拿破崙原先計畫在波蘭附近的戰場發動總力戰，投入所有兵力迅速打擊俄軍，試圖以自己最擅長的閃電戰一口氣取得勝利。然而，就在俄軍開始全軍撤退之後，拿破崙的大軍也逐漸在追擊的過程當中，被緩緩引入俄羅斯的腹地。

事實上，這場俄羅斯遠征對法國來說並非必要，拿破崙對俄羅斯發動戰爭的理由亦不明確，即便是全盛時期的羅馬帝國，都沒能實現同時統治歐洲和俄羅斯的野心，而拿破崙是否也因為對此野心勃勃，才發動這場遠征呢？

一八一二年六月四日，拿破崙率領大軍渡過尼曼河，入侵俄羅斯境內。這一年，俄羅斯的夏天異常酷熱，即便如此，拿破崙的士兵仍然必須在這樣炎熱的氣候下，揹著三十公斤的背包，以一天六十公里的速度追趕逃往戰線後方的俄軍。行軍開始之後不到兩天，倒下脫隊的士兵就高達五萬人，有些人甚至直接逃離隊伍，從此失去蹤影。

六月二十八日，一行人終於抵達了第一個目的地——維爾尼亞（即今天立陶宛的首都維爾紐斯）。因為俄羅斯採取撤退作戰，當拿破崙抵達時，這個美麗的城市早已經成為一個空殼。

二〇〇一年，人們在此地發現大量身著拿破崙時代的軍服的遺骨。經過調查，確認這些遺骨的死因，皆為感染斑疹傷寒或痢疾等傳染疾病。同時，大量的蝨子屍體——也就是傳染病的媒介，也隨著骸骨一起被挖掘出來。

拿破崙的士兵從尼曼河行軍到維爾尼亞，在這段大約一百公里的路程當中，一部分的士兵因為糧食不足，在生理和內心飽受折磨的狀況之下，偷襲了俄羅斯農奴的村莊。

就結果來說，掠奪農村的舉動使拿破崙的士兵帶回了當地的蝨子，導致傳染病侵襲全軍、士兵接連死亡的後果。畢竟在戰事當中遭遇一連串未知的病原體，便意味著軍隊即將面臨傳染病大流行的危機；無論在哪一個時代，戰爭中的大規模死亡通常並非死於征戰，而是疾病。

★「我去洗個澡想一下！」

七月二十八日，當拿破崙的軍隊抵達白俄羅斯的維捷布斯克時，儘管兩軍尚未正式交戰，士兵人數卻比剛開始行軍時減少了約莫一半。一般來說，一支軍隊只要失去百分之三十左右的士兵，就算是滿目瘡痍了。

而維捷布斯克當然也和維爾尼亞一樣，早就已經人去樓空了。見此狀況，拿破崙的側近達呂伯爵指出「進一步的行軍毫無意義」。然而，此戰已經付出極大犧牲，若在此時收兵，就意味著此次遠征是一場未獲戰果的巨大慘敗。如今的拿破崙騎虎難下，只好回覆：「只要打下莫斯科，沙皇一定會提議簽訂和平條款。所以我們至少要行軍到莫斯科」。

莫斯科的規模媲美聖彼得堡，它不僅是俄羅斯帝國的大都市之一，也是相當重要的軍事基地。當拿破崙軍隊在九月上旬抵達莫斯科近郊時，士兵的人數僅剩下出發時的四分之一。而士兵數量減少的主因是感染了斑疹傷寒。

事到如今，即刻撤軍的聲音已在軍隊領導中心占上風，諸將領也開始紛紛向拿破崙進言。為此感到相當煩惱的拿破崙，僅丟下一句「我去洗個澡想一下」，便消失得無影無蹤。或許是熱水澡讓拿破崙氣血上衝的緣故，他突然大膽地做出了致命的錯誤判斷。

「諸君，我們要突襲莫斯科！」

洗完澡的拿破崙未著寸縷，光著身子對著全軍如此宣告。莫斯科當時約有二十七萬人口，是一座大城市。然而拿破崙卻認為只要以士兵團團包圍住，俄羅斯帝國必定會派和平使者前來談和。孰料竟然連莫斯科都已經成為一座空城，不要說一個士兵了，就連能夠和平交涉的對象都沒有。

★俄羅斯帝國為「勝利」付出的代價

九月十四日，正是拿破崙率兵進入克里姆林宮當天，莫斯科市內各處開始發生起火事件。因為有消息指稱位於克里姆林宮西北部的一座大市集發生火災，拿破崙派人前往調查，卻發現城內竟高達十八處慘遭祝融，幾乎完全被火舌包圍，整個莫斯科市內約有百分之七十的面積都已經被大火燃燒殆盡。

在幾乎完全燒毀的莫斯科市當中，士兵不平、不滿的情緒累積到了最高點。如今這場大火就像一個引信，摧毀了全軍已經瀕臨界線的理性，一場大掠奪就此展開。

儘管拿破崙下令禁止任何的掠奪行為，但是士兵掠奪的狀況卻仍持續惡化，最後甚至連拿破崙身邊重視名譽的指揮領導階層，也紛紛加入了公然掠奪的行列。事態演變至此，拿破崙麾下大至領導階層，小至階級最低的大頭兵，這一連串本應十分緊密的指揮作戰系統也被破壞殆盡，可以說完全無法發揮正常作用。

然而從相反的角度來看，對俄羅斯帝國來說，他們確實成功地透過交戰以外的手段，成功驅逐了拿破崙所率領的多國大軍。為此他們燒毀了一座充滿歷史、文化

▲莫斯科市內大火，約 70% 被大火燒盡，1812 年

薈萃的大城市，這樣的犧牲對俄羅斯來說，或許仍過於重大。

雖然實際執行本案的縱火犯是四百名俄羅斯的越獄逃犯，但是一般認為，暗中下令的是當時的莫斯科市長費奧多爾·羅斯托普欽（Fyodor Rostopchin）。雖說如此，但實際策畫莫斯科大火此一作戰的人物，想必是俄羅斯帝國更高層的領導者吧！

雖然後世沒有留下足以追查此人真實身分的歷史資料，我們仍能推測那必定是一位足以批准此作戰的人物。在俄羅斯帝國當中，權限大到可以決定此等大事的人，猜想應該只有沙皇亞歷山大一世（Alexander I of Russia）一人而已。

★最後，他們甚至貪食著「死去戰友」的血肉……

莫斯科大火之後，拿破崙仍持續在莫斯科滯留了五個多星期。進入十月之後，俄羅斯的冬天就要來臨了，他身邊的將領都認為必須馬上撤退，一刻都不能遲疑。不巧，一八一二年剛好是氣候異常溫暖的一年，因此拿破崙總是以「還來得及吧」來搪塞其他人的建言。於是，當一場不尋常的寒流在十月襲擊俄羅斯時，情況發生了巨大變化。

拿破崙一改先前遲遲不肯離開的態度，氣急敗壞地下達了全軍撤退的命令。開始撤出俄羅斯的拿破崙軍隊，在哥薩克人（俄羅斯義勇軍）的追討之下，許多士兵傷亡。

糧草耗盡之後，倖存下來的人只剩馬屍可以果腹，最後甚至會發現有些士兵像發了狂似的，貪食著死去戰友的血肉。

根據記載，當時的法軍甚至沒有餘力埋葬死者，人類屍身和馬的屍體四處散落，最後是由當地的俄羅斯人加以掩埋。

敗逃的拿破崙軍已然完全失去理智，四處燒殺擄掠，甚至連友軍的城鎮都不放過；傷寒等傳染病亦隨著軍隊的腳步到處傳播，所經之處皆未能倖免。簡直是一場帶來死亡的行軍。

更恐怖的是，即使拿破崙的戰略嚴重失誤，犯下了漠視人命的重罪，他仍然穩坐皇帝寶座，沒有因此失勢下台。

★用「榮耀」取代「大敗」的瘋狂英雄

慌忙撤軍歸國後，拿破崙似乎完全不覺得自己應該為這場敗仗負責任，他甚至說出「余雖敗於俄羅斯，俄羅斯人卻無力敗我。此事純屬巧合，亦是余的宿命」這樣的話（此為拉斯．凱斯男爵〔Emmanuel, comte de Las Cases〕的證詞），他自我感覺良好的程度，讓身邊聽聞此事的人都目瞪口呆。

據說晚年的拿破崙甚至產生了虛假記憶，認為當年的俄羅斯遠征和進軍莫斯科均以光榮戰勝作結。實際上，俄羅斯一役已成為拿破崙的生涯轉捩點，自此之後他屢屢戰敗，最後被流放到非洲的聖赫勒拿島。根據當時拿破崙身邊親信的紀錄，一談到俄羅斯的那場戰役，拿破崙這麼說：「若余能死於克里姆林宮，那是再好不過了」、「那可是集榮耀與名聲於一身的顛峰之戰」。

對拿破崙來說，那場慘痛的敗仗就像一場恐怖的噩夢，恐怖到他必須用理想去竄改自己失敗的現實。這個曾經被稱為「軍事天才」的男人，到了人生的最後一刻，也只不過是一個自大型妄想症的患者罷了。

03

法國史上第一「賢明王」——亨利四世的「無頭屍體」

亨利四世（Henri IV，一五五三年～一六一〇年）擁有「賢明王亨利」的美名，至今仍然深受法國民眾的愛戴。

不過，或許是因為太受歡迎的緣故，他的頭顱曾經在歷史上突然消失，一時之間下落不明。

亨利四世的名言是「既然神賜予我興旺人丁，我希望法國的所有勞動者在每個星期天都能吃上一隻雞」。他和貧窮人民站在一起的施政方向，讓他擁有了極高的人氣。

亨利四世在位時，除了免除農民延遲賦稅的罰款，更廢止了向人民徵收農具和家畜來抵銷罰款的陋習。

另一方面，他也廢除了各項都市、地方特權，並運用自己國王的權力積極干涉內政。他在生涯當中亦曾經多次改信基督新教和天主教，完全不介意是否會引起雙方教徒的不滿。與其以明君來評價亨利四世，不如用極具魅力、廣受愛戴來形容他，或許能更加接近他的真實性格。

★「預知」自身之死的衝擊……

雖然亨利四世廣受人民愛戴，但憎恨他的人亦不在少數。在他的一生中，遭遇暗殺未遂的次數就高達二十多次。或許是強運護身的關係，即便遭遇多次暗殺，他都能平安地存活下來。儘管如此，這高達二十多次的暗殺事件，終究導致亨利四世的死亡。

MORT DE HENRI IV (1610)

▲亨利四世被刺殺，傷重不治身亡，1610 年

事件發生的前一刻，他感覺有一股不祥的預感朝自己襲來。當時，亨利四世正處於和哈布斯堡王朝全面開戰的前夕，他卻突然在此時說出「我不覺得我能前往德國」、「有人預言我將死在馬車裡」這樣的喪氣話。

那天，一位名為弗朗索瓦．拉瓦萊克（François Ravaillac）的男人揣著小刀，從簇擁的人群當中衝向亨利四世的馬車，閃避不及的亨利四世被刺傷心臟和肺部，最終傷重不治身亡。據說他當時為了安撫眾人，在嚥下最後一口氣之前，還一直喃喃唸著「我沒事」。

刺殺國王可是叛國的重罪。弗朗索瓦．拉瓦萊克被捕後，監禁於巴黎古監獄（La Conciergerie），當他被帶往格列夫廣場（Place de Grève，即現在的市政廳廣場〔Place de l'Hôtel-de-Ville〕）處刑之時，所經之處皆引來市井民眾的謾罵；弗朗索瓦．拉瓦萊克就在眾目睽睽之下被處以極刑，最後劊子手拿著「燒熱的火鉗」，伸入體內將他的肉身撕碎。行刑時，受刑人會感受到全身燒疼，最終死於火炙，遺體也會被燒成灰燼。而民眾似乎瘋狂地著迷於那詭異扭曲的光景。

★遺體「散落」的理由

回到正題，亨利四世的遺體經過防腐處理，安葬於聖但尼聖殿（Basilique de Saint-Denis）的歷代王室陵墓。

埋葬於聖但尼聖殿的王室成員，遺體通常會被分割為身體、心臟和其他內臟等三個部分，分別放置於棺木和專用的容器內後，再行下葬。對日本人來說，這或許是令人驚訝的風俗習慣，但是在當時的歐洲卻早已行之有年。在中世紀歐洲十字軍東征的那個時代，王公貴族即使無法將戰友完整的遺體帶回祖國，至少也會帶回心臟。因為當時的人相信，心臟是靈魂歸來的場所。

早在十二世紀左右，除非是亡故之處位於太過偏遠的國家；為了替屍身進行防腐措施，歐洲的王公貴族已經有將身體、心臟和其他內臟分開埋葬的風俗。

★暴民公然盜墓「聖但尼掠奪」

亨利四世下葬後約一百八十年，法國大革命爆發。革命爆發於路易十六在位時期，自古傳承至今的法國君主制度在此時期曾經短暫被廢除。路易十六犯下叛國重罪，被悄悄處決，在一七九三年一月二十一日被送上斷頭台。

瑪麗．安東尼特王后（Marie Antoinette）則預定在同年的十月十六日處決。在此之前，革命政府以「淨化過去被暴君統治的記憶」為名，煽動暴民破壞位於聖但尼聖殿的歷代王室陵墓。

這其中還隱含革命政府的另一個企圖。他們擔心若瑪麗．安東尼特被處決，可能引來老家哈布斯堡家族或是與其有親戚關係的國家出兵法國，因此煽動掘墓，還能取得用於陵墓、棺木中的貴金屬，以製造必須的武器和彈藥。

如此這般，惡名昭彰的「聖但尼掠奪」就此拉開序幕。

從遠古時代到波旁王朝，歷代君主的棺木一個一個地被陸續揭開。據說遠古時代的君王遺體都已經在棺木之中化為粉末了，但中世紀左右下葬的遺體，其保存的完整程度就有很明顯的區分。

以波旁王朝歷代君主的保存狀況最為糟糕。其中有些遺骸甚至已經完全腐爛，散發出有毒的氣體，導致在場士兵因此感染疾病（筆者認為可能是指死於天花的路易十五）。

★躺臥宛如熟睡的「賢明王」

暴民們發現波旁王朝的君主遺體大多已經腐敗，但仍有少數例外。「賢明王」亨利四世的遺體正是其中之一。

當緊閉的棺蓋被撬開，肆無忌憚的暴民將視線落於亨利四世的遺體之時，頓時人們無不屏息，現場只餘嘆息。

亨利四世的遺體沒有絲毫地受損，彷彿他才剛剛死去般，時間就停留在他沉睡的那一刻。震懾於如此莊嚴安詳的遺容，原先像暴徒一般的革命軍士兵抱起亨利四世的遺體，有人抱著敬意取下他紅棕色的鬍鬚作為紀念，他的死亡面具也被取下。

儘管暴徒們對亨利四世的遺骸抱持著某種敬畏之心，但就像他們殘酷對待其他國王的屍身一般，亨利四世也無法倖免於難。一名女性忽然憤怒地衝了過來，她大聲詛咒著「這些皇室成員！」接著將遺體扔到了地上。從這一刻開始，亨利四世的遺骸接連遭受嚴重的凌辱，與身體分開存放的內臟和心臟，也在當時被盜走。最終，亨利四世的遺骸混在其他的皇室成員當中，被一併棄置於壕溝之中。

★亨利四世的頭顱不翼而飛？

「聖但尼掠奪」後約二十年，波旁王室曾經短暫復辟，聖但尼聖殿內的王室陵墓也在此時重建起來。

然而，當他們在壕溝當中挖掘遺骨時，卻發現（被認為是）亨利四世遺骨上的頭顱不翼而飛。一般認為可能是當時事件中的某個暴民，因為想要把國王的頭顱納為個人紀念品，而帶走了亨利四世的首級。

在那之後，直至兩百餘年後的今日，木乃伊人體的一部分，也就是亨利四世的頭顱，還在世上不斷被轉手販賣。不知亨利四世的身體是否能迎來與頭顱再次相聚的那一天呢？

０４

華盛頓的嘴裡——
裝著黑人奴隸的牙齒

美國第一任總統，是喬治．華盛頓（George Washington）的歷史定位。

綜觀他的肖像畫，每一張都是雙唇抿成一直線，給人一點也不開朗的印象。這樣的狀況，很可能是因為華盛頓自幼便飽受蛀牙之苦所導致。華盛頓開始掉牙齒的那一年，只有二十二歲。

「華盛頓跟爸爸坦承不小心砍倒櫻桃樹」的少年軼聞其實是杜撰的，但華盛頓確實擁有嚴謹認真的性格，在他詳細的家計簿中，記錄了大量與牙齒相關的花費。

在紀錄當中，甚至可以找到他以一打為單位，購買「海綿牙刷」的紀錄。華盛頓其實並未疏於保養他的牙齒，但當時的牙醫技術根本無法阻止牙周病的病程進展。

▲華盛頓每張肖像都是雙唇抿成一直線，1976 年

他從四十歲左右就開始裝戴假牙，即便是在一七七五年參加美國獨立戰爭的同時，他也仍與牙痛戰到最後一刻。

一七八九年，獨立戰爭的英雄華盛頓當選為美國第一任總統，但此時在他口中自己原生的牙齒僅存唯一的一根。

這個時候，華盛頓才五十七歲。從他二十二歲失去第一顆恆齒開始，三十五年來他陸陸續續失去了二十七顆恆齒。

★假牙的製作是建立在「犧牲奴隸」之上

當時，假牙的品質惡劣到令人難以想像，加上因為沒有固定上顎假牙的技術，甚至得採取直接在牙齦上挖一個洞的方式來懸掛假牙。

十八世紀初期，醫學雖已經進展到可以在上下排假牙之間安裝金屬彈簧以固定假牙，但要實際安裝似乎沒有那麼簡單。華盛頓擁有好幾組假牙，它們大多由象牙或是河馬、海象、駝鹿等動物的長牙製成，並放置在以鉛製成的「土台」上，有時也會鑲上人類的牙齒作為替代品。

拿破崙戰爭之後，出現了一種被稱為「滑鐵盧（戰場）牙」的假牙，來源正是死於歐陸各地的士兵遺體，是一種從真人口中拔下牙齒，透過加工製造而成的假牙。但事實上，任何來歷不明的牙齒都會被稱為「滑鐵盧牙」。

可惜的是，華盛頓生於一個較早的時代，使得他如果想取得人類的牙齒，就得迫使黑人奴隸成為犧牲者。華盛頓是一個蓄奴的大農場主，名下的奴隸高達四百人，因此他能順利地從奴隸身上拔取健康的牙齒，用以製作自己的假牙。

無奈的是，儘管用盡各種心思，華盛頓還是只能吃離乳食這類經過搗碎的食品，他甚至必須盡力避免張口大笑。尤其是他的牙齦又腫又痛，承受著令人難以想像的壓力。

眾所周知，華盛頓的性情相當暴躁，但若考慮到他的牙齒狀況，實在令人不忍苛責。

★「比死還痛苦」的那兩天

一七九七年，華盛頓兩屆（八年）總統任期屆滿，他辭去總統職位之後，回到了故居的農場——維農山莊。六十五歲的華盛頓開始了他無憂無慮的晚年生活。就在退休兩年後，六十七歲的華盛頓被一場突如其來的高燒襲擊。華盛頓的死因被診斷為喉頭蓋炎，吻合一直以來苦於口腔問題的情形。這種病到了今天，基本上只要服用抗生素就能治癒。

但是在一七九九年的當時，抗生素還未被人類發現，醫生只能開強效的催吐劑和洩劑作為處方。美國第一任總統有生命危險，故聚集了多位醫生在此進行救治，但以現代醫學的水準來看，他們並不具備足夠的知識，是一群不及格的醫生。他們以含有劇毒的昆蟲地膽科（日本俗稱「土斑貓」）為主原料以製作粉末，並將之塗滿華盛頓的脖子。沾上粉末的皮膚很快發生腫脹起水泡的現象，並開始溢出血液。

他們反覆進行上述放血療法，最後總共放了將近二．五公升，約為成年男性總血量的一半。

在恐怖的劇痛之中，華盛頓擠出最後一絲力氣，口中喃喃說道：「別管我了。我快死了，讓我靜靜地走吧。」但是不合適的假牙導致他口齒不清，醫生團在聽不清楚的狀況下持續進行醫治。

當華盛頓的腳開始劇烈腫脹時，醫生們更在他的腳上塗滿地膽科的粉末，嘗試排出體內更多水分。如此一來，明明活著，卻變得像木乃伊一樣的華盛頓，終於嚥下他此生最後一口氣；想要抵抗卻束手無策，華盛頓的苦難就這樣持續了整整兩天。

華盛頓迎來了極端恐怖的結局。然而，過去在「西北印地安戰爭」之中，他也曾放任印地安地易洛魁人被殘殺並切下他們屁股上的皮膚，用來製作為靴子和緊身褲。他也曾經在沒有麻醉的狀況下硬是拔下黑人奴隸健康的牙齒。若說華盛頓死前的慘狀是這些痛苦事情的報應，那麼這樣的結果或許還便宜他了。

05

希特勒的幻夢——豪華列車「美國號」

美利堅合眾國是阿道夫・希特勒（Adolf Hitler）的理想國家。

美國是一個靠著掠奪建立起來的國家，是白人掠奪當地的印地安人等原住民族的土地而建立的國家。一九三〇年代，因為移民問題，美國法律一度承認種族主義的合法性，反映出當代種族歧視思想濃厚的社會風氣。甚至連希特勒和當時納粹的高官都對該法案充滿疑慮，認為「歧視狀況過於嚴重，難以獲得民眾的理解」（出處：《希特勒的美國模式》〔*Hitler's American Model: The United States and the Making of Nazi Race Law* by James Q. Whitman〕，惠特曼著）。

希特勒醉心於美國的程度，從他將自己的專用列車命名為「美國號」便可見一斑。他可能想乘著美國號，將納粹的白人至上主義傳遞到歐洲的每一個角落吧。

★跑遍德國的「行動官邸」

一九三〇年代時期，希特勒搭著蒸氣火車巡迴德國，與各地民眾積極互動。

在這樣的背景之下，自一九三七年起，德意志國鐵路（Deutsche Reichsbahn）費時兩年，集結了當代最尖端的技術，為希特勒建造專用列車，也就是所謂的「美國號」。

美國號連接兩輛機關車，倘若其中一輛發生故障或是被破壞，另一輛仍然可以拉著列車逃脫。一部分車廂的車頂安裝了高射炮，每分鐘可以發射八百發，並能擊中幾公里遠以外的目標。若要對外聯絡，停車時可使用電話，行駛時則可使用無線電。另外，還有密碼分析室、資料室等空間，一應俱全。

我們可以說，美國號正是一座可移動的行動官邸。

內部不僅有迎賓專用的車廂，甚至所有車廂都設有完善的冷、暖氣設備，這在當時來說實在非常稀有。另外，由於希特勒討厭菸味，所以美國號全車廂禁止吸菸，也是相當值得一提的特殊之處。

★甚至擁有替身列車的「超機密列車」

一九三九年九月三日這一天，希特勒第一次搭乘美國號進行軍事遠征。這趟旅程預計從柏林出發，前往波蘭的波烏琴－茲德魯伊（Polczyn-Zdrój）。

兩天前，希特勒發動對波蘭的入侵，導致第二次世界大戰爆發。不管是這個時間點的希特勒，或是後來的希特勒，都經常以美國號為據點，對戰場發號施令。希特勒幾乎在美國號上完成所有的政務，無論是做出重大決議的時刻、或是與西班牙首相佛朗哥（Francisco Franco）、義大利首相墨索里尼（Benito Mussolini）等各國政要會面，所有的一切都是在美國號上進行的。

美國號行駛時，不僅列車上有駐兵，鐵路沿線每隔一段距離也會安排軍警駐守。除此之外，軍方還會在列車後方跟車，空中也會派遣軍機跟隨，隨時保障列車運行時的安全。

而美國號運行的時刻表也是最高機密，哪怕途中需要經過某個車站，也只會在通過前的數分鐘通知站務人員。列車通過時，站務人員必須進入建築物當中等候，這是為了避免有人伺機從月台狙擊。

更令人驚訝的是，不只希特勒本人，竟然連美國號都有替身；假美國號似乎固定被安排在希特勒搭乘的美國號之前或之後的位置行駛。

對疑心病重的希特勒來說，必須做到如此這般的地步，才能滿足他對「安全」的堅持。

★向全世界宣告德國的勝利

一九四〇年六月，法國與德國開戰之後，僅僅四週的時間便宣告投降。希特勒相當擅長閃電戰，法國在德軍如閃電般的攻勢下迅速瓦解，失去大半的戰力，再也沒有持續招架德軍攻勢的氣力。

停戰協定於同年的六月二十二日締結，希特勒踏出美國號，來到巴黎近郊的貢比涅森林（Forest of Compiègne），並在停駛鐵路上的一節火車車廂中簽署停戰協定。

即便是這樣的重要時刻，希特勒竟也特意選擇車廂作為簽署地點。不過事實上，德國和這節車廂確實曾有過一段特殊的緣分。第一次世界大戰期間，德國投降於法國時，曾被迫簽下極其恥辱的停戰協議的地點，正是這節車廂。

在同一個地方簽署停戰協議，就像是希特勒的勝利宣言一樣。他靠自己的雙手，成功洗刷德國戰敗的過去，向全世界宣告他的成功。

★深藏在停駛列車中的「寧靜的瘋狂」

一九四一年六月，希特勒以他得心應手的奇襲戰術，對蘇維埃社會主義共和國聯盟（Union of Soviet Socialist Republics，簡稱蘇聯）展開攻勢，戰爭於焉展開。然而，這場代號「巴巴羅薩行動（Operation Barbarossa）」的侵蘇作戰卻以失敗作結。希特勒在這場與蘇聯的戰爭之中頻頻受挫，使得他的妄想症更進一步地惡化下去。

最終，希特勒與美國號一起藏身在東普魯士拉斯滕堡（即今天的肯琴縣，位於波蘭）的森林之中。

侵略蘇聯時，他就是在這裡指揮前線作戰。這片森林也因此被冠以「狼穴」這個勇猛的稱呼。然而好景不常，雖然車廂中有完善的冷、暖氣設備，但軍隊夏天仍需忍受酷熱與蚊蟲，冬天還必須在被雪冰封的酷寒森林中度過。戰爭爆發後將近兩年的時間，直到蘇聯的軍隊反過來攻入德國境內，希特勒在戰時大部分的時間都選擇在此地度過，實在詭異得令人難以理解。

即便如此，對希特勒來說，隱身在森林、藏在美國號的車廂裡，最大的好處或許就是不用面對現實，也就是不用面對實際上日益惡化的戰局。不行駛的列車成為守衛希特勒夢想的一堵防護牆。

事實上，當時的德軍在莫斯科戰疫、史達林格勒戰役的攻防之中接連吞敗，使得士兵的人數急遽減少，甚至到了難以執行軍事行動的地步。在如此不利的情況之下，希特勒仍堅持於一九四一年十二月對美國宣戰。

因為和美國開戰的關係，希特勒也停止稱呼他的御用列車為美國號，將之改名為「布蘭登堡號」。雖然布蘭登堡這個名稱象徵著德國的首都柏林，事實上希特勒卻躲在被稱呼為「狼穴」的森林之中，多年來對首都未曾聞問。

★「『自滅』比暗殺更迅速」

一九四四年六月，英國策劃了數十次以希特勒為目標的暗殺計畫，俗稱「福斯利作戰（Operation Foxley）」，並開始各項相關的前置作業。

當時，該計畫甚至已經進展到安排暗殺執行的階段。英國預計在相較之下缺乏戒備的飲料儲水槽之中，加入一種名為「I」的毒藥，由於這種毒藥的效果極為緩慢，被認為是一種可能成功的暗殺方式。加上英國方面也確實掌握到希特勒每天都要飲用大量奶茶等相關情報，認為紅茶的顏色多少可以成為毒藥的保護色，而達到掩人耳目的效果……。該計畫精心策畫的程度，可謂相當驚人。

然而，此時英國國內卻出現了正反兩派不同的聲音。當時希特勒瘋狂的程度，已經到了和美國開戰的地步，若在此時除掉希特勒，只會使他在納粹餘黨之中聖人化。如果暗殺會導致希特勒聖人化，還不如任由他自取滅亡，或許更能夠迅速地達成目的。上述相關的論述最終在英國當局取得優勢，因此這項暗殺計畫終究未能執行。

一九四五年一月十六日，由於蘇聯強勢進攻，希特勒無法繼續待在「狼之巢」這個森林據點；睽違了數年，他終於回到首都柏林了。這便是舊美國號的最後一趟旅程。

多年來，希特勒藏身於森林深處，此時映入他眼簾的首都，是一片瓦礫成山的破敗景象，甚至連官邸都遭受爆破攻擊而失去作用。希特勒眼前所要面對的，就是如此殘酷的現實。自此之後，希特勒一直藏身於官邸地下的避難所之中，直至離世。

★戰爭的象徵「美國號」脫胎換骨

四月三十日，希特勒自殺後，舊美國號便交由被稱為SS的希特勒武裝親衛隊處置。他們決定在所有車廂上淋上大量汽油，並設置炸藥和手榴彈，將列車炸成碎片。

然而在德國境內，卻留存了許多納粹黨幹部的專用列車。這些名為亞洲號、大西洋號、非洲號的專用列車，都是納粹黨的幹部們仿效希特勒的美國號而建造的。

這些列車在第二次世界大戰結束後，成為美國和英國軍人熱衷的戰利品，亦是環遊歐陸的人氣列車。

這些列車雖然在一九五〇年代歸還西德，卻緊接著被當時的西德總理康拉德·艾德諾（Konrad Adenauer）改裝為御用列車，徹底被改頭換面。令人驚訝的是，這些舊納粹的御用列車甚至活躍到一九八〇年代，現役時間非常長；連披頭四（The Beatles）和英國女王伊莉莎白二世（Elizabeth II）都曾經搭乘過這些列車。

第二次世界大戰爆發時，以美國號為首的舊納粹黨幹部專用列車一共有二十五台。直到今天，僅存數台被保存於博物館當中。

06

消失的法國軍艦與幕末志士——土方歲三死亡之謎

明治元年（一八六八年）十二月，以榎本武揚為首的舊江戶幕府勢力在北海道．箱館（今北海道函館）成立「蝦夷共和國」。

當時擔任「陸軍並行奉」此一軍務重職的人，就是土方歲三（順帶一提，雖然相關人士從未使用過「蝦夷共和國」這個名稱，但此稱呼卻最為一般大眾所知，故特別採用於本文中）。

土方歲三身著洋裝、表情沉穩的著名人像攝影，便是這個時期所拍攝的。

然而，和平的日子並沒有持續太久。明治二年（一八六九年）五月初旬，明治新政府的軍隊進攻箱館，與蝦夷共和國全面開戰。這就是歷史上的「箱館戰爭」。

縱使土方歲三等人是何等的驍勇善戰，面對敵人的八千大軍，僅有三千名士兵的蝦夷政權頓時陷入極大劣勢。五月十一日，在箱館市發生的槍擊戰中，土方歲三中彈倒地，殞命於箱館。享年僅三十五歲。

然而，各位知道土方歲三生存說嗎？

直到今天，土方歲三的屍體依然下落不明。另一方面，根據當事者的證詞，雖然大家一致指出「土方戰死於箱館市內」，但是對死亡地點、死亡時間和死前最後一刻等相關狀況的描述，卻出現各自矛盾的狀況。

讓我們試著再次回顧土方歲三死時的狀況。

據說土方遭受砲擊落馬時，只有一名叫做澤忠助的士兵在他身邊。此外，還有一名安富才助察覺出異狀，隨即策馬前來。這兩人均證實了土方歲三的死亡。

隨後，安富牽著土方歲三的愛馬返回五稜郭。接獲消息的五稜郭本營，立即派出「市中取締役」小芝長之助前往處理。

據說小芝取得土方的遺體之後，便將遺體埋在五稜郭附近。但是小芝到底把土方埋在哪裡，實際的場所至今仍然不得而知。並且，「不知道出於何種原因」，小芝並沒有留下正確的紀錄。

★其中一種可能：「亡命俄羅斯」

小芝為什麼沒有正確地記錄埋葬土方的地點呢？關於這個問題，倘若我們假設「小芝其實沒有埋葬土方」，那麼接下來會發生什麼事？以下是筆者的推論。

土方落馬後失去意識，看似當場殞命。但是，當前來收屍的小芝背起土方，正在搬運的途中，土方卻清醒過來了……。可猜想，對土方抱持敬愛之情的小芝，當然會想救土方一命。此一推論剛好得以連結到土方亡命到國外的說法，儘管乍看之下令人難以置信，但筆者認為這是最合理的說法。

從很久以前開始，就有土方逃亡到俄羅斯的傳聞。

當時箱館有一個叫做佐野專左衛門的富商，他向土方等人提供了巨額的活動資金。有一說認為，土方透過佐野的介紹逃亡到俄羅斯，但這可能性應該很低。在蝦夷共和國即將垮台的時刻，協助土方逃亡，可能會引發國際之間的問題。面對如此重大的難題，俄羅斯的商船應該無法專斷獨行才對。

★法國「末代武士」的暗中行動？

即便如此，這也不代表土方歲三逃到國外的可能性就此消弭。因為停泊在箱館外海的船隻，除了可能來自俄羅斯，更可能屬於另一個國家，那就是法國軍官儒勒・布呂奈（Jules Brunet）一行的戰艦。他在箱館戰爭中，直到土方本人陣亡之前，都在不斷地與土方等人並肩作戰，對抗明治新政府軍。

布呂奈一行人在幕府與法國合作期間被派遣到日本，負責幕府末期軍事訓練的是法國軍事顧問團的成員。後來幕府面臨瓦解，布呂奈曾經接到來自法國的歸國命令，但是他和一部分的將兵無視這項命令，甚至暫時放棄法國國籍，選擇留下來和盟友土方等人一起行動，世人稱之為「末代武士」。

根據記載，布呂奈等人在最終決戰前夕，搭上了遣返法國的軍艦科耶特羅貢號，然而軍艦卻「不知出於何種原因」遲遲沒有出航。據推測，布呂奈等人可能是希望能夠在最近的位置，親眼見證戰友們的終末。然而離奇的是，即使在五月十八日五稜郭開城投降之後，軍艦仍然沒有出航。之後，又等到二十二日，軍艦才終於離開日本。

筆者認為，軍艦遲遲不出航的關鍵，是否正是為了土方歲三？

小芝背著奄奄一息的土方，輾轉與佐野專左衛門搭上線。平常就跟不少國家有交流的佐野於是開始和法國進行交涉。土方在奄奄一息的狀況下被運到船上，法國會不會是為了等待重傷的土方的狀態穩定下來，才遲遲不出航呢？

但是……，布呂奈並沒有帶著土方歸國，因為在法國的登陸紀錄之中，並沒有土方歲三的名字。或許在航行途中，土方的身體已回復到可以自由行動的程度，他早已在亞洲的某一個港口下船了也說不一定。

布呂奈對土方歲三的評價極高，甚至曾經說出「日本有武士道，我們法國則有騎士道」這樣的話。只是，布呂奈的歐洲騎士道強調的是如何回報戰友，但土方所信仰的武士道，卻追求以自身之死結算人生。存在這兩者之間的，或許是永遠也無法互相理解的巨大鴻溝。

第二章

沉溺於愛情的痴人
與等待著他們的「命運」

07

把愛人相繼逼上自殺之路——德布希自甘墮落的人生

相較於小說家、畫家等領域的藝術家，作曲家的戀情似乎不太受到世人的關注。小說家、畫家若以愛人作為靈感謬思，很容易就能看出端倪。但如果是作曲家，即使他人指出「這首曲子是根據戀人的形象所創作的」，也沒有那麼直觀好理解。

克勞德·德布西（Claude Debussy）可能是唯一一個曲風和愛情生活一致的作曲家。

德布西出生於巴黎近郊的一個小鎮，他的父親是一名海軍，母親從事裁縫師的工作，家境相當貧窮。德布西的父親除了從軍，還同時經營陶藝店，他原本打算讓兒子循著自己的腳步上船學習，但是當德布西開始上鋼琴課之後，很快地就顯露出他在鋼琴方面的天賦，這為德布西打開了一條成為鋼琴家的道路。

那一年時值一八七二年，他的母親為德布西努力奔走，取得了具有說服力的推薦函，德布西自己亦通過了高難度的考試，年僅十歲便取得了進入巴黎高等音樂學院的入學資格。

★美青年與熟女們的風流韻事

倍受矚目的德布西在進入高等音樂學院就讀之後，因為個性內向又有著頑固的一面，不願委屈自己去做沒有興趣的事情，因此總是沒有辦法嶄露頭角。歲月就在這種不上不下的狀況下驟然飛逝。

在一般人所熟悉的天才作曲家軼事當中，這類小小年紀就進入音樂學院就讀的音樂家，通常會在短時間內跳級並完成學業。但是德布西在學十年以上了，仍然渾渾噩噩地過日子。

為什麼德布西的在學時間會這麼長呢？其中一個原因，是德布西曾經改變自己的目標志向，由容易賺取收入的鋼琴家，轉為收入較不豐厚的作曲家。不過另一方面，「學生」這個曖昧身分對德布西來說，或許也是一個相當舒適的身分吧。

一八八一年，德布西仍就讀於巴黎高等音樂學院之時，就與已婚女性有著不可告人的關係。

除了額頭有些過於突出這個小小的瑕疵之外，德布西的容貌相當出眾，是一個不輸父親的美男子。

德布西運用容貌這項利器成功獲取女性芳心，他的第一個對象是當時芳齡三十二歲的瑪麗－布蘭奇．瓦尼耶夫人（Marie-Blanche Vasnier），她是一位紅髮碧眼的已婚女性，而且還相當富有。據說她當時已經是兩個十幾歲青少年的母親了，外貌卻依然維持得相當年輕。

德布西和瓦尼耶夫人的關係始於他十九歲那一年，在瓦尼耶夫人的丈夫實質默認的詭異狀況下，這段關係持續了將近七年之久。

於此期間，德布西迎來了人生的轉機。他在一個業界享有盛名的作曲競賽之中，贏得了「羅馬大賽（Prix de Rome）」的殊榮。

當時，德布西的比賽主題是「浪子回頭（Parable of the Prodigal Son）」。浪子回頭的故事雖源於《聖經》，但與當時生活放蕩的德布西可以說是不謀而合。

榮獲羅馬大獎的殊榮，讓德布西得以前往藝術之都——羅馬留學，但他卻為了和瓦尼耶夫人密會，多次返回法國，實在是一個沒有出息的留學生。

★天才音樂家永無止盡的小白臉生活

一九八二年，德布西與瓦尼耶夫人斷絕往來後，終於在即將滿三十歲之前，搬離老家停止啃老，開始靠自己獨立生活。不過這一切都是表象，事實上德布西住進了一名女性的家，她的名字是嘉布里耶爾．杜邦（Gabrielle Dupont），小名嘉彼（Gaby）。德布西成為小白臉的一生也就此拉開序幕。

儘管德布西放蕩奢侈成性，嘉彼仍然忍讓接受，甚至為他付出一切。此時的德布西幾乎整天泡在咖啡廳，交遊也愈見廣闊，他在咖啡廳的花費應該幾乎都來自嘉彼給他的零用錢。

然而，嘉彼全心全意的付出，卻換來德布西的嚴重背叛。沒想到他竟然跟嘉彼任職於女裝店的老朋友羅莎莉．泰克希爾（Marie-Rosalie Texier，小名莉莉 Lily）偷情。因為一封偶然發現的信，嘉彼得知了兩人之間的關係，在盛怒之下，她竟然試圖結束自己的生命。雖然最終以自殺未遂作結，事件暫時平息下來，但嘉彼與德布西的關係也就此告終。

那一年是一八九九年。失戀後的德布西很快就投入了莉莉的懷抱，兩人甚至攜手步入結婚禮堂。

★不倫戀情的「代價太高」

一九〇三年，完全沒有記取過去教訓的德布西又愛上另一位人妻。這次的對象是學生的媽媽，也是銀行家的妻子：艾瑪．芭達克（Emma Bardac）。或許是因為比起窮酸的庶民，德布西更偏好與富有女性的關係；他和艾瑪在很短的時間內迅速拉近彼此的距離。

另一方面，德布西的妻子莉莉卻彷彿沒有絲毫察覺般，對丈夫的婚外情充耳未聞。德布西對此感到猶豫不決，終究還是決定向莉莉提出離婚的請求。或許是因為太過衝擊的關係，抑或是莉莉本身就是比較容易情感氾濫的個性，得知離婚一事之後，竟拿起手槍就往腹部開槍，試圖結束自己的生命。

後來，莉莉雖然保住了性命，但兩人仍在大小爭吵不斷的狀況之下，最終走上離婚一途，離婚的條件是德布西每個月必須支付莉莉四百法郎的贍養費。二十世紀初期的一法郎，在現代的日本大約可以換算為一千五百日圓。對德布西來說，這筆高額的贍養費實在難以負擔；果不其然，從一九〇五年開始支付的贍養費，僅僅支付了五年就再也沒下文了。

艾瑪夫人與丈夫離婚後，德布西便迎娶她作為第二任妻子。然而，德布西和富裕的布爾喬亞出軌並再婚這個行為，為他招致眾怒。他的朋友和支持者紛紛大肆批評「難道你把身心都賣給有錢太太了嗎？」德布西為了再婚，致使本來就不多的工作機會更加迅速地流失。

一九〇五年，四十三歲的德布西終於盼來了他的第一個女兒。德布西從自己和妻子的名字，將女兒命名為克勞德．艾瑪（Claude-Emma），小名「秀秀（Chouchou）」。德布西非常疼愛女兒，真的是一個充滿父愛的爸爸。

然而，德布西卻不是一個「好丈夫」。這一年，他與艾瑪的關係走到了「家庭內分居」的地步。

即便最終德布西與艾瑪沒有離婚，但兩人的婚姻生活也沒有持續多久。一九一四年，德布西被發現罹患直腸癌，並於一九一八年離世。

自病痛纏身到死亡的這四年之間，德布西在作曲上投入了大量心力，一首首優美的樂曲於焉誕生。音樂風格被世人評價為豐富多彩的德布西，其音樂人生最後的一段日子，卻創作出一首名為《白與黑（*En blanc et noir*，一九一五年）》的曲子，這是一首以「死亡」為主題，描繪黑白世界的鋼琴二重奏，具有其象徵性的意涵。

０８

邦妮與克萊德——鴛鴦大盜的顫慄結局

穿著時尚的俊男美女扮演鴛鴦大盜，在激烈的槍戰中身亡……，這樣的故事之所以成為世界最受歡迎的創作主題，最初是拜世上最有名的犯罪拍檔「邦妮與克萊德（Bonnie and Clyde）」所賜。兩人命運交會的時刻，就在一九三〇年的一月。

當時，邦妮芳齡二十，而克萊德也只是一個二十一歲的小夥子。「經濟大蕭條」發生於前一年的十月，大規模的經濟衰退使得失業率飆升，一般年輕人的未來也因此籠罩一層烏雲。就在這樣的社會背景之下，兩人相遇了。

邦妮十六歲就嫁做人婦，丈夫卻經常不回家。為此鬱鬱寡歡的邦妮在借住朋友家時，遇見了恰巧來拜訪的克萊德，並且深受吸引。

▲鴛鴦大盜邦妮與克萊德，1933 年

★震撼全球的幫派份子，「只不過是兩個年輕人」

邦妮的身高僅有一百五十公分，是個嬌小可愛的金髮女孩。但她成績好，又總像個孩子一般愛撒嬌，因此母親艾瑪對她疼愛有加。

然而，在十五歲那一年邦妮有了喜歡的人，開始顯露出她容易被男人牽著鼻子走的個性，而這改變了她的人生。邦妮雖然如願和高中的學長羅伊．索頓（Roy Thornton）結婚，但是當她與自己即將奉獻一生去愛的男人克萊德相遇之後，就立刻決定與不回家的丈夫離婚。

克萊德的個子不高，又有一對招風耳，並不是一般人眼中的王道帥哥。不過，從照片上那個纖細美少年的模樣看來，克萊德相當受到女性歡迎的傳聞確實所言不虛。而就在克萊德和邦妮相遇當時，他已經是一個犯下竊盜等多項罪行的前科犯了。

「兩人是一對心意相通的愛侶」是支撐邦妮與克萊德此一浪漫故事的骨幹，但兩人之間的情誼其實純屬虛構。這一點對筆者來說，是特別耐人尋味的部分。

克勞德與邦妮相遇之前，雖然不是戀愛絕緣體，但是比起和女孩子交往，他更喜歡和男孩們混在一起。

根據邦妮媽媽艾瑪的證詞，克萊德和邦妮成為伴侶之後，他親吻邦妮的次數也不超過三次。

犯罪者的精神年齡往往停留在幼兒階段，這是一般人相當熟悉的犯罪分析，恐怕克萊德也一樣。即使生理上已經長大成人，心理方面卻仍然不夠成熟，還未成長到能夠去愛及被愛的程度；又或許是他本來就比較喜歡男孩子。克萊德有一個自詡為老大的幫派團體，其中一位名叫W・D・瓊斯（W. D. Jones）的混混曾經提到「克萊德有時會襲擊我」。總之無論如何，邦妮和克萊德怎麼樣也不會是「一對心意相通的愛侶」。

★被搭檔捨棄的少女

雖說如此，克萊德還是把邦妮帶進自己的幫派，他對邦妮應該抱持著相當程度的好感。只是很難說他對邦妮的感情有多深。這一點可以從兩人「初次合作」的插曲中看出來。

邦妮為了參加克萊德的襲擊計畫，騙媽媽要到休士頓從事化妝品相關的工作，而離開了故鄉達拉斯。

然而這個「初次合作」的結果卻以重大失敗告終。克萊德對邦妮見死不救，任由她被警方逮捕。

邦妮被關到達拉斯東南方三十公里左右的考夫曼市中的一個拘留所，當母親前來探望時，她大聲嚎哭，甚至說出「我要跟克萊德分手」這樣的話。

但是，自己已經是前科犯了，事到如今根本無法再回到過去平凡的生活，未來也只能靠竊盜維生。在邦妮的心中，或許這樣的想法變得愈來愈強烈了吧。但無論如何，自己是不可能離開克萊德了。邦妮自己似乎比任何人都更清楚這一點。

在考夫曼的監獄當中，邦妮留下了一首長詩，題名為《自殺者薩爾的故事（*THE STORY OF SUICIDE SAL*）》，以下摘錄這首詩其中一小節的內容：

「你或許聽說過女人的喜悅（*You've heard of a woman's glory*）
那個完全沉迷於窩囊廢的女人（*Being spent on a "downright cur,"*）」

邦妮獲釋後，不僅外表突然變得蒼老憔悴，連內心都成為了一片荒原，難以想像她其實還只是個二十歲出頭的年輕女孩。

雖然克萊德最終沒有前來迎接，邦妮還是回到了克萊德的身邊。事件之後，也持續和克萊德一起行動。

★駕駛福特轎車，接連犯下殺人重罪

美國一九三〇年代是黑幫橫行的無法無天的年代，搶銀行、竊盜等事件層出不窮。邦妮和克勞德掠奪總額超過兩千數百美金，在黑幫的「市場價格」之中只能算是小菜一碟。

當時的一塊美金以今天的貨幣來換算，約等同於五千日圓的價值。對克萊德與邦妮的黑幫來說，他們多次搶劫銀行，成果卻只有一千萬日圓左右的程度，確實不能算是非常成功。

特別值得注意的是，他們殺害人數眾多這一點。在與兩人相關的犯罪事件當中，犧牲者高達十二、十三人。他們甚至曾經殺害老人，只為了搶奪二十八塊現金和一點食品雜貨。

他們不會因為殺人而受到良心的譴責，這就是邦妮與克萊德……，尤其是克萊德，這是他異常又扭曲的傳奇故事。

只是當時美國法律有一個特性，就是「罪犯在哪一州犯下罪行，就只能在當地逮捕，無法追捕到其他州」。宛如嘲笑這條法律一般，邦妮和克萊德駕著福特汽車最新的 V-8 轎車，從這一州馳騁到下一州；也由於他們的犯罪手法太過鮮明，甚至開始出現了支持他們的粉絲。

★「殺人令我噁心想吐」

對身處現代的我們來說，最難以理解的部分莫過於邦妮和克萊德的家人。兩人以殺人聞名，他們的家人卻像默認了孩子的罪刑似的，或是採取與此相去不遠的態度。

邦妮有一點戀母情結，因此每當她哭著說「想見母親」的時候，克萊德就會安排她和媽媽偷偷見面。

而克萊德自己與家人「祕密會面」的頻率也很高。當克萊德被姊姊問到「你是不是又殺人了」的時候，他也只是回答「殺人令我噁心想吐」，就好像自己只是吃壞了肚子一樣。

當兩人與家人頻繁見面、掉以輕心之時，警方的包圍網已經悄悄地逼近他們。

和邦妮、克萊德同夥的一名叫做梅斯文的男人，在與兩人分開的時候被捕。根據他們過往的行動模式，警方猜想只要梅斯文獲釋後回到老家，邦妮和克萊德絕對會現身迎接……。這個由警方臨時策畫的行動，不偏不倚地「正中紅心」。

警察以梅斯文父親的卡車為誘餌，假裝在公路上拋錨。

邦妮和克萊德正好路過，看到熟悉的梅斯文家的卡車停在路邊，兩人停下福特轎車。就在那一刻，埋伏的槍林彈雨落了下來。車窗應聲碎裂，車體也因為遭到掃射而布滿彈孔。

高達數十發以上的子彈貫穿兩人的身體，邦妮當場慘叫，克萊德試圖反擊，但是手才拿到槍，瞬間倒地身亡。

這是邦妮與克萊德相遇之後，第四年發生的事。對邦妮來說，這四年的一切實在太過濃密，就像濃縮了一生的時光一般……。

★兩人的遺體引來了大批粉絲

若是電影，此處便是結局了。但是若從揭露的角度來說，實在不得不提到兩人死後發生的異常事態。

驗屍前，邦妮和克萊德的遺體被放在亞凱迪亞城「公之於眾」。搜查官將遺體置於公開場所，便因接獲其他事件外出了。

遺體被放置在外的原因，或許是想讓群眾親眼目睹心狠手辣的兩人的下場，結果卻吸引了全美數百名以上的粉絲前來朝聖，實是意想不到的一段插曲。因為搜查官不在現場，粉絲的興奮程度也到達了頂點，他們爭先恐後地從兩人身上搶奪紀念品，血淋淋的衣物也在一片混亂之下碎成片片。

邦妮的頭髮很明顯有被剪取的痕跡，現場亦可以看到有個男人試圖割下克萊德扣在板機上的食指，另一名男人正奮力想辦法割下他的那對招牌招風耳，甚至還有一個男人想買下克萊德的整副屍身。最終被搜查官制止了。

彷彿象徵昔日席捲美國的狂野風氣，對當時的美國民眾而言，他們喝采的對象不是正義的英雄，而是遭到通緝的黑幫分子。

即便明天他們自己也可能遭遇黑幫襲擊，但民眾們仍對黑幫匪徒引發的華麗槍戰和逃跑追逐之劇碼感到興奮不已。因為這樣的時代背景，邦妮和克萊德的親屬將兩人的遺物高價出售給粉絲，藉此大賺了一筆。這些黑幫分子體現的或許只是所謂的「平庸之惡」，然而他們的人物形象愈是平凡，就愈容易引發一般大眾的強烈共鳴，甚至同情他們一閃而逝的壯烈死亡，引爆極高的人氣。這短暫卻耀眼的人生，或許就是邦妮與克萊德的真實寫照。

09

大衛王與拔示巴——《舊約．聖經》英雄手中的墮落美女

自古以來，以色列王國（Kingdom of Israel）的大衛王（David）被尊為「理想之王」，廣泛受到人民的敬重與愛戴。

當以色列人與宿敵非利士人（Philistines）發生激烈衝突時，大衛一個人迎戰巨人歌利亞，以石頭擊中歌利亞（Goliath）的額頭，獲得了勝利。

大衛的英姿不僅出現在文藝復興時期雕刻大師米開朗基羅（Michelangelo）的作品當中，他同時也是《舊約．聖經》（*Old Testament*）登場人物當中，最著名的人物之一。

在米開朗基羅之前，大衛經常被描繪成一個身形纖細的美少年，右手握刀、左

手揣著歌利亞的首級，呈現出一種懾人心魄的耽美姿態。

而米開朗基羅的大衛像則是一位身材修長、肌肉健美的青年，他與巨人對峙時姿態凜然，眼神充滿鬥志，正要投擲出手中的石塊。

特別是，日本人大多不熟悉《聖經》中的故事，因此一旦提到大衛王，日本人腦中第一個浮現的，多半都是米開朗基羅的大衛像那端正健美的模樣。

不過，根據《舊約．聖經》記載，大衛王的人生卻與他整潔清爽的美少年形象相去甚遠。尤其是中年以後，當大衛成為以色列國王之後，更與女性多有糾纏，引發不少問題。

★瞞著丈夫與國王通姦

以色列王國的開國君主掃羅王（Saul）過世之後，大衛成為第二任國王，並且順利地統一了整個以色列王國，開啟了繁榮富足的時代。

在大衛王的周遭，也出現了許多憧憬著國王榮光的女性，她們為了博取國王的青睞，日夜盡力服侍。然而對一個王來說，這樣的日子一旦成為日常，就是不幸的開端。

有一天，大衛王在王宮的屋頂上，偶然撞見一位美麗的女性正在沐浴。她的名字是拔示巴（Bathsheba），是自己一名部下的妻子。

大衛對拔示巴念念不忘，他渴求著她，兩人終究發生了不被允許的關係。不久之後，拔示巴懷孕了。

大衛為了掩蓋自己和拔示巴之間的姦情，甚至傳喚正在前線戰鬥的烏利亞（Uriah the Hittite，拔示巴的丈夫），他想讓烏利亞與拔示巴共度夜晚，以藉此誤導烏利亞，讓他以為拔示巴腹中的孩子是自己的骨肉。然而烏利亞卻回覆大衛「我不能丟下其他人，自己離開戰場」，使得大衛的計謀無法得逞。

計畫失敗的大衛想著，「既然你那麼喜歡打仗……，那就到更危險的前線去送死吧！」

當烏利亞的死訊傳來，拔示巴雖然非常傷心，最終仍然接受了現實，成為大衛的其中一位妻子。

對拔示巴來說，她無法違逆大衛，被迫與其通姦，加上大衛也命令她必須好好與丈夫相處……，拔示巴面臨的，就是如此異常難解的狀況。不得不接受這一切的拔示巴，她內心真正的想法究竟是什麼呢？

★拔示巴，一位堅強、充滿生命力的女性

長久以來，在男性主導的社會當中，這類醜聞般的軼事對基督教的女性教徒來說，無論發生在誰身上，都是一場無妄之災。

恐怖的是，大衛和拔示巴之間的第一個孩子，因為耶和華（Jehovah）降下怒火，出生數日便夭折了。此後，大衛雖為自己所犯的罪懺悔並真心悔改，卻仍舊無法完全消除耶和華的憤怒。

大衛除了八個妻子之外，還有超過十人以上的女性服侍在側。由於他子女眾多，因此繼承人的爭奪戰也持續不斷。大衛王的家庭生活始終不和睦，甚至有兒子試圖謀害父

▲大衛窺見沐浴中的拔示巴，1889 年

親的性命。

另一方面，年輕時不敢違逆大衛的拔示巴，待國王逐漸年老力衰之後，開始漸漸發揮出她的本領。

當時，在所有存活的王子當中，最有能力的繼承人是最年長的亞多尼雅王子（Adonijah）。但拔示巴逼退亞多尼雅，成功讓自己和大衛所生的兒子所羅門（Solomon）登上王位。

是因為逆境的磨練，使得拔示巴變得更加堅強嗎？抑或是她終於等到大顯身手的機會了？綜觀《舊約．聖經》中的女性，拔示巴確實是相當引人注目的一號人物，這一點無庸置疑。

10

爲愛退位的愛德華八世
與他「眞正心愛的人」

一九三六年十二月十一日，英王愛德華八世（Edward VIII）在「王冠還是戀情」的終極抉擇之下宣布退位，此舉震驚了全世界。

愛德華八世在位期間僅有短短的十一個月。當時，上一任國王喬治五世（George V）的哀悼期未結束，甚至連愛德華八世自己的加冕典禮都還未舉行，便發生了君主退位事件。

當愛德華還是威爾斯親王（Prince of Wales）時，便以不加修飾的率直性格著稱，受到人民的廣泛愛戴。他以英國王室的身分前往世界各地，接觸當地的人民並親切地與他們相處。他也是第一個上廣播節目的英國王室成員，並因此被稱為「君主制的發言人」。

「如果我無法得到深愛的女性的幫助與支持（略），便無法履行國王的職責」是愛德華退位宣言中的一段話，使得他在民眾之間的聲望水漲船高。

愛德華寧願捨棄王冠，也不願放棄追求的「心愛女性」，她名為貝西・華麗絲・沃菲爾德（Bessie Wallis Warfield），即史上著名的「辛普森夫人」。

★當「愛情」與「退位」放上天秤的兩端

華麗絲與愛德華的婚姻之所以會遭受英國王室、教會和議會的強烈反對，不僅因為華麗絲是一位離過兩次婚的美國女性，更大的原因來自於她日常的品性舉止。華麗絲雖然已婚，但其與男性之間的交往關係卻相當複雜。華麗絲的其中一位男朋友是義大利的外交官，透過這層關係，她與法西斯勢力的關係也相當密切。

即便如此，愛德華仍然執著地愛著華麗絲。即位為英王的當天晚上，愛德華和華麗絲一起用餐，他開始向華麗絲提及為了結婚不惜放棄王位一事。相較於單方面為戀情加溫的愛德華，據說華麗絲曾經提出「和我分手」的請求。不過，大部分的人都認為華麗絲只是嘴上說說罷了，因為只要和愛德華結婚，華麗絲將得到巨額的財產，這等於保障了她未來的奢華生活。

★揭露真相的十五封「情書」

然而近年來，學者發現了華麗絲寫給第二任丈夫：厄尼斯特．辛普森（Ernest Simpson）的十五封信。信件的內容證實華麗絲所言不假，她確實曾經有過「分手」的念頭。

二〇一一年，一檔名為「華麗絲．辛普森的祕密信函」的電視節目播出後，引發了英、美地區輿論的熱烈關注。

節目指出，華麗絲的「祕密信函」是在她與厄尼斯特離婚前後這段時間寄出的。

有一些信件甚至是在華麗絲與愛德華八世結婚之後，於新婚旅行的途中寄出。

信件裡，華麗絲寫下「你不在我好寂寞」等字句，訴說著對前夫厄尼斯特的情衷。她在與愛德華的新婚旅行途中所寄出的信件，內容甚至寫到她相當擔心厄尼斯特的船舶經營事業。華麗絲以如此熱切的語言，為信件作結：「無論你在哪裡，請相信我。我在對你的思念之中度過白晝，黑夜則為你祈禱。獻上我的全心全意」。

雖然對華麗絲的遭遇感到些許遺憾，但愛德華卻更令人感到同情。這使人不免懷疑，如此不願失去華麗絲的愛德華，為了不讓她逃離自己的手掌心，或許不得不做出退位的選擇也說不定。

★「賭上王冠的戀情」只是「虛有其表的愛」？

特別是對華麗絲而言，因自己已經不再年輕貌美了，因此她實在不明白愛德華為何會真心愛自己。

不負責任的流言蜚語迅速傳遍了整個世界。甚至有謠言指出，由於華麗絲的第一任丈夫在上海工作的關係，她藉著在上海娼館學到的特殊性技巧，將愛德華迷得神魂顛倒。

雖然輿論不留情面的抨擊華麗絲，認為她必定是一個運用某種手段迷惑愛德華的絕世惡女，然而這樣的形象只顯示出世人對她的惡意。或許實際上，華麗絲只是一個母性較為強烈的女性罷了。愈是差勁的孩子，愈能引發她的母愛。

華麗絲仍是辛普森夫人的時候，也曾和丈夫以外的男性有過豔情緋聞。她和愛德華之間的關係也不是單純的一時興起，而是為了幫助經營船舶公司的丈夫發展事業。

以下僅止於推論：愛德華這一股令人無法預料的執迷，會不會就是華麗絲無法再將之控制於手掌的關鍵呢？

事實是，華麗絲雖然完全不想和丈夫分開，但丈夫卻已厭倦了自己；愛德華則不斷訴說著愛語並步步逼近：「我會退位，因為妳是我的珍愛。我要讓妳知道我有多認真」。華麗絲在不情不願之下，不得不和丈夫分開……。或許，這才是這段「賭上王冠的戀情」最接近真實的內情。

★「愈了解愈惹人厭的人物」

在我看來，愛德華這類型的人物給人的第一印象總是相當完美，但是愈了解他，愈會發現他有多惹人厭。

愛德華沒有守時的觀念，討厭腳踏實地的工作，只對華麗絲出手闊綽，其餘的部分則相當吝嗇小氣。他遠離歷代英國君主位於倫敦的住所——白金漢宮，改居住在郊區一座名為貝爾維德（Fort Belvedere）的城堡。

愛德華讓華麗絲居住在這座城堡裡面，將她視為城堡的「女主人」，並讓她管理自己喜歡的豪華家飾、奢侈食材以及華麗鋪張的派對。

即位後，原本應該由國王裁決、批准的公文也被送到這座郊區的城堡裡。然而愛德華的回覆相當緩慢，加上公文也沒有專人負責管理，內閣官員對此狀況皆搖頭嘆息。

即便當時的首相溫斯頓．邱吉爾（Winston Churchill）與愛達華之間有著相當堅固的信賴關係，但是因他對華麗絲的印象很差，因此當愛德華被華麗絲迷得神魂顛倒時，使得溫斯頓．邱吉爾對愛德華的評價亦降到了冰點。

不僅如此，愛德華似乎也沒有得到家人，也就是英國王室的信任與支持。在愛德華退位之時，王室方面對他的這個決定似乎相當難以諒解，但是愛德華仍很快地做出了退位的決定，他甚至沒有把這個消息告知他的弟弟約克公爵（Duke of

▲25 歲時的愛德華八世，1919 年

York），也就是未來的喬治六世（George VI），他的下一任繼位者。

約克公爵不只對繼承王位這件事情毫無準備，他這輩子甚至從未受過所謂的帝王教育。

★放任愛人「享盡榮華富貴」

愛德華深受群眾愛戴，甚至被稱為「群眾之王」。然而，即使他曾與多位女性有過感情關係，也不代表所有情人都是真心愛著愛德華的。然而，或許大部分的群眾並不清楚此一事實。

愛德華不僅長相俊美、裝扮入時，甚至擁有大把財富，可惜的是，在他談笑風生的表面之下，卻是一具沒有內涵的空殼。他沒有讀書習慣，也沒有什麼教養。

這就是為什麼女性們在發現愛德華的真實面貌之後，總會與他保持距離，無法深入交往。這也難怪華麗絲對前夫厄尼斯特・辛普森的感情，比對愛德華來得更深。

愛德華是否察覺到華麗絲的真實心意？我們不得而知。

不過，退位後的愛德華獲得了「自由」。他得以如願地和華麗絲結婚，並且受封「溫莎公爵（Duke of Windsor）」，先後遷居奧地利、法國南部和凡爾賽等地，最後在蔚藍海岸的別墅克羅城堡（Château de la Croë）和巴黎的住所之間來回生活。

愛德華喜歡鋪張，因此華麗絲經常為他翻新住所。此外，華麗絲總是穿著線條簡單的洋裝搭配高貴珠寶，自成一格的穿搭風格使她成為群眾的寵兒，間接反映在她的風格時尚書籍的銷售數字上。愛德華更花費大筆金錢為華麗絲訂製禮服和珠寶，這些錢來自於他的自傳，以及自己愛情故事的電影授權費用。

★拯救人命的「奢華人生」

華麗絲在一九八六年逝世，其珠寶收藏依循遺囑，以「溫莎公爵夫人珠寶」的名義拍賣出去。因為有「賭上王冠的戀情」這樣的羅曼史加持，溫莎公爵夫人珠寶的總銷售收入超過五千五百萬美金。所有的收入亦遵照華麗絲的遺囑，捐贈給巴斯德研究院（Institut Pasteur），作為愛滋病的研究基金。

溫莎公爵夫人的珠寶收藏是華麗絲和愛德華豪奢生活的產物，兩人生前甚至因此成為大眾嘲笑、揶揄的對象。但他們逝世後，夫妻兩人的所有物卻被賦予極高的價值，使得他們的奢華人生最終成為未來醫療的基礎。所謂的命運，實在是一件相當有趣的事情。

11

操縱美國總統林肯的——超級惡妻

據說在歷代的美國總統當中，最受歡迎、知識分子評價最高的一位，便是成功解放奴隸的亞伯拉罕．林肯（Abraham Lincoln）。

十九世紀，英、法兩國開始提倡「廢除奴隸制度」。據說兩國假借人道主義的批評，欲等待適當的時機出兵分裂南北，藉此將美國一分為二，以達到削弱美國的目的。而林肯為了防範未然，發表了美國解放奴隸宣言。

林肯雖然給人相當強烈的知性印象，實際上卻從未接受過正規教育。林肯一生上學的時間大約僅有短短的一年，而且只要他在家裡讀書，便會被家人指責「偷懶不工作」。在這樣的環境下，只有繼母支持他繼續求學。

不過，林肯最大的天賦也就是他超凡的適應能力，或許正是身處在這樣的環境才能培養出來。林肯一邊工作一邊自學，不知不覺間，他變得比一般的知識階層更為博學，並在二十七歲時考取了律師執照。

★拿下未來總統的「魔性之女」

一八三九年，「一步步往上爬」的林肯與正統的南方千金瑪麗．陶德（Mary Todd）相遇了。一般認為，瑪麗才是展開猛烈追求的那一方。雖說如此，這也是因為林肯相當晚熟的關係。

林肯對穿著毫不講究，甚至會穿著不成對的襪子出門。面對女性時總是異常害羞，即便因為律師的工作使他成為社交界的一員，舉止怪異的林肯在社交場合之中，總顯得格格不入。即便如此，林肯仍然屈服於瑪麗的猛烈「攻勢」之下，於一八四〇年與瑪麗訂婚。

他們的婚約受到周遭親友的強烈反對，認為「兩人絕對不適合」。根據林肯的好友約書亞．史匹德（Joshua Fry Speed）的證言，林肯「對與瑪麗訂婚感到不幸」，並且「相當不滿」。

瑪麗執著於林肯的原因，或許來自於「女人的直覺」。瑪麗對政治表現出相當強烈的興趣，她的夢想是成為總統夫人，也就是美國的第一夫人。

雖然兩人訂有婚約，林肯卻告訴瑪麗，自己「並不愛她」的事實。聽聞此事的瑪麗開始嚎啕大哭，林肯受其影響也落下淚水，最後因為「無法承受更強烈的情緒」，而沒有解除兩人的訂婚關係。

即便如此，林肯仍然確信「自己並不想和瑪麗結婚」，因此他決定再次和瑪麗見面，告知對方自己決定解除婚約。在這一次的會面當中，林肯受到了瑪麗的冷淡對待，這件事情在林肯的心裡留下了相當大的創傷。

結束這場最糟糕的告別之後，又經過了十八個月。在共同友人的促成下，林肯和瑪麗在一次聚會中重逢，兩人在日漸的相處之下重修舊好，就這樣步入禮堂。

★一場開朗妻子飽受折磨的悲劇

林肯當初雖然相當排斥與瑪麗結婚，婚後卻發現婚姻生活並沒有想像中的那麼糟糕。但另一方面，瑪麗卻因為環境改變而備感痛苦。

就像所有南方上流家庭的千金一樣，瑪麗從小在奴隸的服侍之下長大，根本沒有做過家事。可是她和林肯結婚當時，林肯的律師收入光是負擔兩人的狹窄住處和生活就相當勉強了，根本沒有雇用女傭的餘裕。在這樣的環境之下，瑪麗終究必須靠自己的力量完成煮飯、洗衣等日常瑣事。

大概就在這個時候，林肯的人生開始有了好轉的跡象。他的律師收入上漲到一千五百美元左右，相當於當時州長的薪資水準。一八三四年，林肯二度挑戰並順利當選成為伊利諾州眾議員，踏出成為政治家的第一步。並於婚後的一八四六年當選為美國眾議院議員。

林肯和瑪麗之間生下了四個男孩，私生活也一帆風順。

然而到了一八五〇年，第一場悲劇發生了。兩人的次男愛德華（艾迪）死於肺結核，過世時只有三歲。瑪麗非常傷心，甚至沒有吃飯就去睡了。在那之後，儘管瑪麗懷了第三胎，而且順利度過懷孕與生產，但是她的狀況卻開始愈來愈不穩定。

根據一位鄰居的證言，面對歇斯底里的瑪麗，林肯採取「為了保身不聽比較好」的態度應對，就這樣持續地無視瑪麗。瑪麗對丈夫的怒火日漸高漲，根據鄰居的目擊證言，瑪麗曾經「單手拿刀在後院追逐林肯」、「揮舞掃帚把林肯趕出家門」，甚至「用一大片木頭毆打林肯的頭」。

★從「聰明的女性」淪為「奢侈浪費的上流夫人」

即便家庭存在重大問題，林肯仍於一八六一年當選為美國總統。同時，瑪麗成為美國第一夫人的夢想也就此實現了，然而，瑪麗卻開始擔心進入華盛頓的上流社會之後，一家人是否會被嘲笑為「鄉巴佬」。

也因為如此，成為第一夫人之後的瑪麗，開始把她的注意力從政治本身轉向誇耀自己身為總統夫人的權力。她把林肯留在政務室，自己則夜夜在名為藍廳（Blue Room）的白宮會客室中舉辦晚宴。前來參加晚宴的賓客之中，有許多充滿魅力的上流紳士，瑪麗被迷人紳士圍繞並百般奉承，快樂地徜徉在這樣的社交場合之中。

有一說是只有在林肯表達出嫉妒之時，瑪麗才能感受到丈夫對自己的愛意。然而就林肯來看，似乎已經完全接納了妻子的所有行為。

據說，林肯曾經在某個晚宴當中，有過這樣的發言：「自少女時代至今，妻子的美貌絲毫不減當年（略）。當時的我墜入了情網，隨著年歲過去，我仍會再次愛上她，再次、再次……，這樣的狀態不斷持續，直至今日。」林肯看似自由奔放的作風，對瑪麗來說，或許只是在貫徹對自己的「消極主義」而已。

過去的瑪麗是「聰明且對政治抱持著強烈關心的女性」，曾幾何時卻變成了「只顧著關心外界目光、奢侈浪費的上流夫人」。即使外表是如此的華麗耀眼，她的內在卻變得愈來愈空泛。

民眾對第一夫人的評價也開始產生分歧，尤其是在南北戰爭時期，瑪麗這位第一夫人無論身處南、北哪一方，都是被以各種理由批判、非難的對象。這也代表著民眾對她的厭惡已經不分敵我，瑪麗成為全國人民討厭的對象了。

★不斷在群眾面前「破口大罵」的真相

在南北戰爭即將結束、終於看見勝利曙光之時，林肯參加了一場閱兵儀式，目的是激勵在各個崗位上努力的士兵。

儘管前往會場的道路泥濘不堪，瑪麗仍堅持與林肯同行。然而，因為瑪麗華麗的禮服導致行動不便，在騎馬前往閱兵的一行人當中，只有瑪麗一行搭乘馬車前往。馬車最終沒能準時到達，姍姍來遲的瑪麗進入會場時，閱兵儀式早已經開始。不僅如此，瑪麗還目睹了林肯身旁站著另一名女性——她是奧德夫人，某位軍人的妻子。瑪麗擺著臭臉走向奧德夫人，然後「在大批士官的面前對她破口大罵一些不堪入耳的粗話」。

奧德夫人哭著離開，周遭都還搞不清楚狀況，瑪麗仍一股勁地叫罵，直到筋疲力竭。當天夜裡的晚餐會上，瑪麗仍然持續咆嘯，即使好脾氣的林肯也面露難色，但他仍然「不改過去本色，以極其溫柔（略）並充滿愛意的態度」對待妻子。

第二天早上，瑪麗對自己昨日的行為舉止似乎感到相當羞恥。

恐怕，瑪麗自己也一直在「想要完美地表現得像個稱職的第一夫人」和「無法辦到的自己」之中不斷煩惱吧！瑪麗的丈夫以大器聞名，但她卻不是那塊料，沒有成為第一夫人的氣度。她實現了當第一夫人的夢想，但這件事情本身卻也造就了她的不幸。沒有多久，瑪麗便走上了精神崩潰一途。

有一個逐漸陷入瘋狂的妻子，對普通丈夫來說應該是一種不幸吧。但是林肯不一樣，愈是遭遇逆境，就愈能鍛鍊自我、不斷成長。對這樣的男人來說，瑪麗的人生或許變成他成長的「糧食」。作為一名世人所謂的惡妻，瑪麗成就了林肯偉人一般的人生，然而從瑪麗的角度來看，林肯也絕不能算是一位好丈夫，不是嗎？

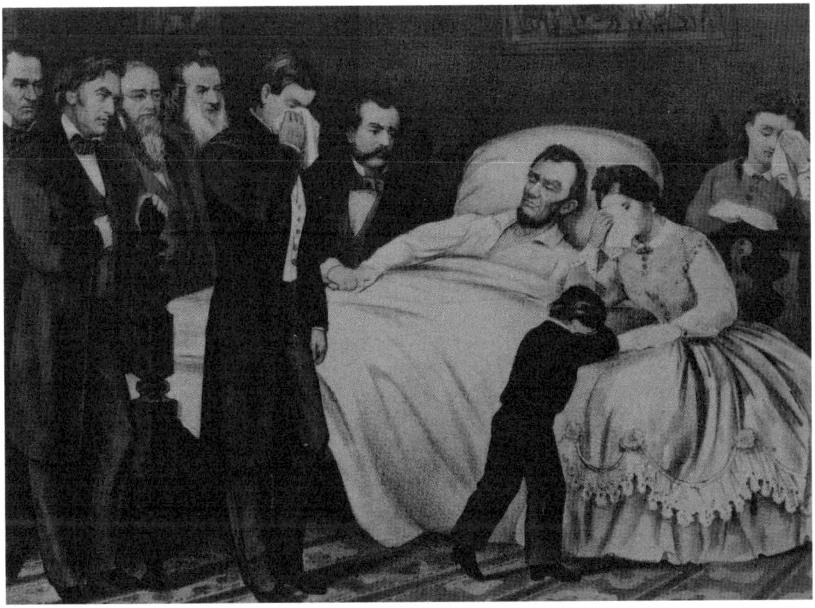

▲林肯臨終前，被朋友和家人等包圍住，1865 年

★預知夢中的林肯之死

瑪麗用她自己的方式深愛著林肯，對她來說最不幸的事情，就是所愛的人在自己的眼前遭到暗殺。

林肯有看見預知夢的能力。暗殺發生之前，林肯曾經做過一個「在白宮裡，遭到暗殺而死的總統被放在棺木之中，所有人圍著哭泣」的夢。瑪麗對此非常擔心。

一八六五年四月十五日晚上十點十二分過後，當時林肯夫婦正在劇院觀賞演出。突然，一個名叫約翰·威爾克斯·布思（John Wilkes

Booth）的男人出現在包廂中，瞄準林肯的後腦杓扣下板機，爾後林肯當場斃命。

即將遭到逮捕的布思以拉丁語高喊「這就是暴君的下場！」後逃走，由於情節太過誇張，觀眾還以為是戲劇演出，直到他們注意到包廂中的瑪麗聲嘶力竭地哭喊「總統遇刺了」，才驚覺事態的嚴重性。

暗殺事件之後，瑪麗徹底失去理智，精神也完全崩潰，最後由家族中唯一倖存的長男羅伯特（Robert Todd Lincoln）將她送進精神病院。

「我想死」是瑪麗最後的心願。而這個願望得以實現之時，則要等到她六十三歲的那一年了。

12

維多利亞女王最後的愛侶——「謊話連篇的印度人」

君王的生活之所以能夠成立，仰賴的是大量僕役盡心服侍。

身為一個君主，必須平等對待所有僕人，但即使是高高在上的君主，也只是一個普通人。因君主偏愛特定的僕人而引發其他僕人的反感，類似的問題在宮廷之中並不少見。

維多利亞女王（Queen Victoria）晚年發生的宮廷紛爭，正是這類型的例子。她把前半生的所有精力都奉獻給了國家政務，為大英帝國開創國力最鼎盛的時期。

時序回到一八六一年十二月，這一年，維多利亞女王失去了自己深愛的丈夫，即阿爾伯特親王（Albert, Prince Consort）。大受打擊的女王對政務的關心變得不似以往，甚至拒絕在公開場合露面。隨後，她開始將自己多餘的時間和精力，花費在人數眾多的僕人與他們的生活上。

★為女王奉獻身心的「騎士」

年輕的維多利亞女王是一位「威風凜凜」的女性。說難聽一點，她相當愛爭辯，性格也相當頑固。不過，即使她擁有這樣強勢的性格，身為一位「女王」，要在男性主導的社會當中持續屹立於頂點，並不是一件容易的事。

由於她自己本身被要求履行身為「女王」的職責，因此不太意外地，她也希望擁有一個把自己放在特殊的位置、一心為女王奉獻的「騎士」。

阿爾伯特親王死後，這個「騎士」的角色就落到了女王身邊的隨從身上。一八八七年才來到英國的印度僕人阿卜杜勒・卡里姆（Abdul Karim），就是這群隨眾的其中一人。

這一年，維多利亞女王六十九歲。阿卜杜勒・卡里姆在女王登基五十周年大典時來到英國。當時典禮上聚集了許多來自各地的王公貴族，也有來自印度的摩訶羅闍，而阿卜杜勒・卡里姆便是當時隨行侍奉的僕人之一。

維多利亞女王雖仍相當健康，卻也開始出現風溼病、消化功能衰退以及失眠等不適症狀。就在維多利亞經常感到脆弱之際，二十四歲的阿卜杜勒・卡里姆出現了，他住進了女王的心房。當時的卡里姆仍是一名纖細的青年，他英俊且充滿異國情調的臉龐，讓維多利亞女王相當著迷。

★令女王墜入「遲暮之戀」的青年

維多利亞女王對印度的興趣開始不自然地高漲，不僅每頓飯都要求阿卜杜勒・卡里姆等僕人穿著印度的民族服裝隨侍在側，還要求宮廷廚師為自己烹煮印度咖哩。最後，女王甚至開始跟阿卜杜勒學習印地語。

被尊稱為「Munshi（老師）」的阿卜杜勒對女王總是非常溫柔，但是他對其他的印度僕人、英國僕人的態度卻是相當惡劣，他甚至會以非常傲慢的態度對待地位較高的紳士、淑女們，使得整個宮廷吹起一股對阿卜杜勒的反感旋風。

女王的所有寵愛就這樣貫注在一個無論從身分地位來看，或是從人品方面來看，都並不值得如此被對待的男人身上。

★女王所著迷的男子真面目

幾年後，維多利亞愈加走火入魔。她開始覺得繼續讓上流階級出身又是軍醫後代的阿卜杜勒．卡里姆站在一邊服務是一件失禮的事。即便他的英語書寫能力差強人意，還是拔擢他並讓他負責祕書的工作。

事實上，阿卜杜勒．卡里姆的父親只是「自稱醫師」，實際上是一名藥店老闆。而且那位父親當時還是一名正在監獄服刑的犯罪者。

阿卜杜勒．卡里姆本身也有素行不良的問題。要成為女王的「騎士」，單身是必備條件。但是阿卜杜勒明明是已婚身分，卻對維多利亞隱瞞此事，他甚至還患有淋病。

卡里姆家族本身也相當惡名昭彰。一八八九年，英國宮廷發生一起胸針竊盜事件，犯人就是阿卜杜勒的姊夫霍姆特．阿里（Hourmet Ali）。阿里偷了維多利亞的胸針，然後轉賣給寶石商人。

即便如此，維多利亞仍然不加思索地全盤接受阿卜杜勒粉飾太平的「說詞」。即便那只是阿卜杜勒不想讓犯罪的姊夫危及自己的立場，所編織出來的謊言罷了。

阿卜杜勒使出全力如此辯護：「胸針掉在地上。在印度，我們有撿到東西不告訴任何人，自己保留下來的習慣」。可是霍姆特．阿里不只是把東西收著，甚至還轉賣出去了不是嗎……？

★「大家都在懷疑陛下是不是神智不清了」

阿卜杜勒．卡里姆本人似乎也瞞著女王從事某些可疑的賣買。

他曾經委託女王的御醫詹姆斯．里德（James Reid）幫他寄送藥品給在印度的父親（曾經提過的那位更生人）。所謂的藥品，是劑量足以毒死高達一萬二千到一萬五千名成年男性的毒藥。

哪怕這些行徑證據確鑿，並被呈送到女王眼前，許多人亦開始嚴正要求女王停止這不適當的寵愛，甚至出現「大家都在懷疑陛下是不是神智不清了」這樣強烈的指控，維多利亞仍然無動於衷。

女王對阿卜杜勒異常的執著，終於連御醫里德也放棄了。他用放棄的語氣，留下了這樣的紀錄：「陛下顯然清楚Munshi是什麼樣的人，但仍然痴迷於他」。

畢竟，阿卜杜勒．卡里姆只是「狐假虎威」，他的行徑雖只是小奸小惡，但最大的問題還是維多利亞女王。只要阿卜杜勒．卡里姆一夥的問題行為被其他人揭露，女王就會勃然大怒，並指著那些人說「你們這些種族主義者」。因此當女王授予阿卜杜勒連印度的摩訶羅闍都從未獲得過的榮譽勳章時，身邊甚至沒有任何人可以阻止她。

擁有勳章的阿卜杜勒等於擁有了英國貴族的地位，維多利亞便命令宮廷中的紳士淑女與他同桌用餐。

如果命令被拒，女王就會氣得暴跳如雷，甚至把辦公桌上的東西——包含墨水、鋼筆、香水瓶，甚至是紙鎮、照片或穿戴在身上的珠寶等等，一併掃到地板上。

★隨著年齡衰退的「異樣寵愛」

或許維多利亞已經預期到阿卜杜勒・卡里姆會有失勢的一天了吧！女王知道只要自己一闔眼，阿卜杜勒可能就會被遣返印度，因此甚至送他一筆足以購買土地和豪宅的鉅款。隨著阿卜杜勒・卡里姆的年齡增長，他的病狀更加惡化；至此，維多利亞的熱情終於逐漸地冷卻下來了。在女王身邊盡心奉獻二十多年的御醫里德，終於奪回末代「騎士」的寶座。

一九〇一年一月，維多利亞女王亡故，阿卜杜勒・卡里姆也在葬列之中，並獲准與永眠在棺木當中的女王做最後的道別。雖然如此，宮廷仍然馬上做出將阿卜杜勒・卡里姆遣返印度的決定，並用極快的速度將宮中所有與他相關的事物一一抹去。

除此之外，因為維多利亞的女兒碧翠絲公主（Princess Beatrice）不願這些相關事蹟傳於後世，親手毀去了女王大部分的日記，裡面記載了過去曾經支配維多利亞女王芳心的兩位僕役——馬夫約翰・布朗（John Brown）和阿卜杜勒・卡里姆等人的紀錄，以及他們和女王之間不合時宜的關係。這也使得後世難以再次窺見事件的真實面貌。

不過即使日記被處分掉，只要知道大致的狀況，應該也能推估實際的情況。

對維多利亞這樣精力旺盛的女人來說，在失去丈夫且孩子們都獨立之後，如果她將所有的愛情傾盡於「錯誤」的對象，那故事也只有往悲劇發展一途。

第三章

「疾病與生命」與無止盡的戰鬥

13

「傷寒瑪莉」——走到哪感染到哪，恐怖的無症狀帶原者

即使現在已經相當罕見了，傷寒仍舊曾經是一種非常可怕的疾病。

據說其病名源自於希臘文，意思是「霧」，也有「意識朦朧」的意思，可用來形容傷寒症狀之一的高燒與意識迷茫的狀態。感染傷寒之後的幾天，許多病例僅會感到些許不適，這段期間他們可能會成為帶原者，到處散播傷寒沙門氏菌，導致感染擴大。

然而，在這些人當中，存在著極少數的「健康帶原者」。

他們持續感染傷寒數年乃至數十年，身體健康沒有任何症狀出現，和常人一樣過著平凡的日子。也就是說，傷寒健康帶原者與寄生在膽管和膽囊中的傷寒沙門氏

菌一起生活，兩者是共生的關係。因為沒有發病，也無法免疫，這些健康帶原者就這樣持續感染他人，在不知不覺之中引起傷寒的大流行。

★到處散播傷寒的女廚師

瑪麗．馬龍（Mary Mallon，一八六九～一九三八年）被稱為傷寒瑪麗（Typhoid Mary），她從愛爾蘭移民到美國，是一名優秀的廚師。

然而，她還有一個不為人知的身分，那就是傷寒的「健康帶原者」。只要是她服務過的家庭和機構，都會在她任職期間，發生感染傷寒的狀況。

一九〇二年夏天，瑪麗受雇到美國緬因州黑暗港的律師家中工作，在她抵達後不滿兩週，全家八口之中有七個人因為感染傷寒一一病倒。身為感染源的瑪麗在此期間全心全意地照護病人；不清楚實際狀況的律師一家人為此相當感激，還額外支付五十美元（換算約為現今十萬日圓左右）的獎金給她。

這聽起來像是一個不有趣的笑話，但它真實發生了。

耐人尋味的是，瑪麗直到死前，都堅決否認自己是帶原者的事實。即使自己可能是帶原者的恐懼，將會糾纏她一生……。

★媒體大做文章：「帶來死亡的魔女」

一九〇九年，如往常一般，瑪麗在不知不覺間將傷寒感染給雇主家庭大半成員之後便音信杳然。不過，這一次來到雇主一家處理治療的喬治·索珀（George Soper）醫師察覺到瑪麗的怪異之處。

索珀開始尋找瑪麗。但要想在茫茫人海中尋找一個人，畢竟不是一件簡單的事情。即便如此，六個月之後，索珀醫師終於遇見了瑪麗。沒想到她如此近在眼前，就在紐約曼哈頓高級住宅區一座位於公園大道的豪宅之中。索珀醫師遇見她時，瑪麗正在屋中揉麵團。

"TYPHOID MARY"

The Extraordinary Predicament of Mary Mallon, a Prisoner on New York's Quarantine Hospita

IT is probable that Mary Mallon is a prisoner for life—and yet she has committed no crime, has never been accused of an immoral or wicked act, and has never been a prisoner in any court, nor has she been sentenced to imprisonment by any judge.

Mary Mallon is a cook by profession. She has served in the kitchens of many New York millionaires with entire satisfaction for many years.

Mary Mallon for more than two years has been a prisoner on New York's quarantine island, along with the unfortunates who are from time to time removed to this isolated spot because they are suffering from smallpox, scarlet fever or other contagious diseases.

But while Mary sees these unfortunate victims of various diseases come on the hospital boat and, in due time, return to their homes and friends—Mary stays on forever.

There is probably in the whole wide world no prisoner that can furnish a parallel to the extreme misfortune which has brought Mary Mallon to North Brother Island. Through no fault of hers, Mary Mallon is a living, walking incubator of typhoid fever germs. Every day for two years the officials of the New York Board of Health have examined Mary, and they have been discouraged to find a bountiful supply of new typhoid fever bacilli freshly made each twenty-four hours by

Mary Mallon, in the five years

authorities got their hands on her,

of twenty-six cases of typhoid

others. So far as is known, the

had the disease, and is not now sick

But somewhere in her anatomy,

of the gall duct, there is a never

typhoid fever germs. To the

Board of Health Mary has been

typhoid bacilli for seven years.

they are able to trace her history

By Dr. Wm. H. Park., New York Board of Health.

MARY MALLON is the chief of fifty persons, fifteen of whom have been discovered within the past two years, in this country, whom we know in medical science as typhus bacilli carriers. Her case is the most remarkable with which we are acquainted, because of the number of persons to whom she has communicated the disease.

Our study of the case leads us to believe that the typhus germs lodge in the gall bladder, where they live indefinitely. From there they are carried through the body by the bile.

She is confined on North Brother Island, where she has been a prisoner for two years, and where, of course, she will remain indefinitely. She is a large, healthy looking woman, a typical cook, and there is nothing in her outward appearance to indicate that she is other than normal. She is, of course, segregated with the typhoid patients. When we consider that she has been spreading the contagion for many years, it is clear that she will be a prisoner on North Brother Island for a long time, perhaps for life; certainly until we are convinced that the typhus germs and typhus tendencies have been eliminated from her body.

Every effort has been made by the health authorities to cure the unfortunate woman, but so far without success. Examination is made each day, with the hope that some one of the various expedients we have tried may put an end to the discharge of bacilli. Nothing we have tried so far has proved effective. There is nothing at the present moment known to medical science which seems to reach a case like this. It is extremely unfortunate for the woman; but it is the plain duty of the health authorities to safeguard the public from such a menace.

The Extraordi and Dis

The Official

IN the Winter of 1906 I was called on to investigate a household epidemic of typhoid fever which had broken out in the latter part of August at Oyster Bay, N. Y. The epidemic had been studied carefully immediately after it took place, but its cause had not been ascertained with as much certainty as seemed desirable to the owner of the property.

The essential facts concerning the investigation follow:

At Oyster Bay, in the Summer of 1906, six persons in a household of eleven were attacked with typhoid fever. The house was large, surrounded with ample grounds, in a desirable part of the village, and had been rented for the Summer by a New York banker.

The first person was taken sick on August 27 and the last on September 3. The diagnosis of typhoid was positive. Two of the patients were sent to the Nassau Hospital at Mineola. The others were attended by capable physicians at Oyster Bay. None of the subsequent cases apparently resulted from the first, although the interval from the first to the last might permit of this assumption. But whether the disease was transmitted from one person to another after the first case occurred was not a matter of great consequence. The most important question was how the first case occurred.

Germ Source a Mystery.

Typhoid fever is an unusual disease in Oyster Bay, according to the three physicians who share the medical practice there. At the time of the outbreak no other case was known. None followed.

The milk supply of this house was the same as used by most of the other persons in the village, all of whom remained well. The cream also was from a source which supplied several other families in the vicinity.

To the first investigators it seemed that the water must have been contaminated. They were

▲媒體報導瑪莉的消息，稱她是傷寒的製造工具，1907 年

只是，當索珀向瑪麗解釋「傷寒的流行與妳有關」的那一瞬間，她突然握著菜刀砍了過來。

緊接著上演了一齣警匪劇般的追逐大戰，一陣折騰之後，瑪麗終於落入了紐約市警察局的手中。報紙等報導媒體以「迎合觀眾」的角度大肆渲染，把瑪麗描繪為帶來傷寒的「魔女」。

當時，尚未發明能夠有效治療傷寒的藥物。瑪麗也因為有感染他人的可能性太高，而被迫離開廚師的崗位，改為負責洗滌衣物。但是，她對這樣的安排相當不滿，再次一聲不響地離開了。

後來，她以瑪麗．布朗夫人的名號再次出現，終於如願回歸廚師的工作崗位。

據說瑪麗之所以如此執著於廚師一職，不只是因為料理是她唯一的天賦，對她來說，料理是她的驕傲，甚至是她活下去的動力。

然而就在一九一五年，也就是瑪麗銷聲匿跡後第五年，傷寒又開始在她的身邊蔓延開來。

或許是因為瑪麗體內「飼育」的傷寒沙門氏菌非常活躍的關係吧，她在紐約的斯隆婦女醫院掌廚期間，感染傷寒的患者竟然高達二十五人。甚至導致院內群聚感染，可以說是最糟糕的結果。於此同時，瑪麗發現某位同事對自己起了疑心，為了隱瞞身分，遂再次逃離醫院。

★她選擇的職場是「醫院」

經歷這一連串事件的瑪麗，在紐約長島工作時再次面臨被逮捕的命運。最後她被判處終身隔離，地點是監獄旁邊的河濱醫院。

雖然她不被允許繼續擔任廚師，但她開始在河濱醫院從事檢查和護理的工作。

讓一個傷寒帶原者在醫院裡面做檢查和護理的工作，彷如是一個令人難以置信的黑色笑話。

一九三八年十一月，瑪麗於紐約亡故。

直到最後，她都堅決否認自己是傷寒的感染源頭。也因為如此，她一生都只能在院內隔離，直到生命結束那一天。如果她願意承認並面對自身處境，以當時的醫學來說，其實可以透過手術，摘除傷寒沙門氏菌寄生的膽管和膽囊。不過，這在當時來說，亦確實是賭上生命的大手術……。

瑪麗的葬禮在宏偉的聖路加教堂舉行，據說列席葬禮的人數，僅僅只有九人而已。

14

約翰·亨特——等待巨人之死的「屍體收藏家」

一七八三年，早春的倫敦。

在一片狼藉的房間裡，一位名為查爾斯·伯恩（Charles Byrne）的年輕人悄聲燃盡了他的生命。這一年，他年僅二十二歲。

因為罹患了腦瘤和肺結核，伯恩的身體隨著時間漸漸無法自由行動。這副身軀對伯恩來說，負擔還是太大了。伯恩有一個特別的綽號叫做「愛爾蘭巨人」，據說他的身高遠遠超過常人，是一個「八呎二吋（約二百五十公分）」的巨漢。

伯恩懷抱著夢想來到倫敦的時候，約是在一年前的四月十一日。短短不到一年的時間，他被捧上榮光的寶座又迅速殞落。

關於伯恩的身高，雖然新聞報導的數字是「八呎二吋」，但是實際上只有「七呎八吋（約二百三十公分）」左右。不過在十八世紀的當時，英國成年男性平均身高不到一百七十公分來看，伯恩無疑是個高大的「巨人」。

★「亞當和夏娃的身高高達四十公尺」？

十八世紀之時，這股「巨人」風潮不只風靡倫敦，更席捲了整個歐洲大陸。

在達爾文提倡進化論之前，人們似乎相信人類和其祖先之間的關係，可以用蜥蜴和恐龍的關係來類比。

法國科學院院士「M．亨利恩（M. Henrion）」於一七一八年曾發表一篇論點稀有的文章——「亞當和夏娃的身高各為四十公尺上下」，並被刊登在一七三〇年由啟蒙主義者發表、具有權威的《文藝通信》之中。在過去的那個年代，人們普遍相信「巨人」真實存在，並且隨著時間的推移，人類漸漸縮小到現在的尺寸。

對十八世紀的人來說，像伯恩這樣的「巨人」代表著過去人類榮光的「返祖」現象，光是看著他，或許就已經十分「感恩」了。雖然從現代醫學的觀點來看，伯恩不尋常的身高可能與腦下垂體的異常有關，亦或許是生長激素分泌過多所造成的現象。

★參觀費高達「兩萬日圓」的人氣王

回歸正題，伯恩在倫敦中心的查令十字（Charing Cross）附近，一棟位於春天花園街（Spring Gardens）的高級公寓置產。

他之所以選擇住在租金高的公寓裡，應是看上該地點的價值所做的投資。來自愛爾蘭貧窮村莊、默默無名的伯恩，透過「展示自己」，一躍成為名人。

每週六天，從上午十一點到下午三點，稍作休息之後，再從下午五點到晚上八點……。光是要進場參觀伯恩，一個人的「入場費」就要二先令六便士，相當於現代的兩萬日圓。日復一日，伯恩熱情地接待前來一睹「巨人」風采的洶湧人潮。

伯恩雖然有一點駝背，但高人一等的身高和傲人的比例還是相當受人矚目。除此之外，他之所以成為話題人物，還有其他的理由，那就是伯恩溫文儒雅的「紳士」作風。方正的下巴、寬闊的額頭，是相當具有吸引力的男性容貌，再搭配親切回握的溫柔大手……。伯恩有禮的態度、優雅的舉止，使他的魅力席捲了整個倫敦。

伯恩前往倫敦之前，可能曾經受過禮儀相關的訓練。在成為「名人」並藉此出席社交界的場合，可能也是他的目標之一。

事實上，只要找到一位有力的贊助人，加上其非凡的身高和外貌，要想在社交界成為偶像一般的人物生存下去也並非不可能的任務。

★從短暫的榮光中迅速殞落

伯恩到達倫敦後的數週之間，除了國王一家謁見外，還受邀出席許多貴族的宴會。他也演出舞台劇，人氣節節上升。

然而好景不常，到了夏末，倫敦人對伯恩的熱情便開始迅速冷卻。此時，伯恩頭痛的根源不只來自腦下垂體的腫瘤，還來自商業上的競爭對手——也就是其他「巨人」的存在。新鮮的「巨人」一個一個如雨後春筍般現身倫敦，奪去了群眾對伯恩的關注。

自此，伯恩沉溺於酒精，還蠢到在酒館被扒走所有財產。每次搬家，其房間的品質每況愈下，連參觀費都被迫調降了。

★「我想高價買下你的遺體」——屍體收藏家伸出魔爪

一雙虎視眈眈的雙眼，鎖定了淪落至此的伯恩。

此人名為約翰・亨特（John Hunter），他是當時倫敦最受人尊敬，也最引人忌諱的瘋狂天才外科醫生。

根據亨特醫生的自述，他「在二十年內解剖數千具屍體」……甚至更多。他透過殯葬業者和掘墓人，非法收購數量龐大的屍體，以滿足自己的解剖需求。事實上，十八世紀的醫療仍然停留在中世紀的水準，且一般認為亨特對於英國乃至整個歐洲的醫學發展有著極高的貢獻。

但是，亨特喜歡把屍體的一部分製作為標本收藏的「屍體蒐集癖」，也相當不尋常。對喜歡蒐集屍體的亨特來說，「巨人」查爾斯・伯恩那壓倒性的高大身材和令人驚嘆的骨架，都正好觸動了他的收藏家靈魂，使他對伯恩表現出了異常的執著。

據說亨特曾經直接找上門，並向伯恩提議「我想高價買下你的遺體」，但被伯恩拒絕了。雖然亨特本人是無神論者，但伯恩是農村出身的樸實年輕人，他堅信若自己的遺體成為骨骼標本，靈魂就不能通過「最後的審判」，無法得到救贖。

只是亨特不肯就此放棄。他有一位名為豪伊森的僕人，只要自己一句話，不管任何屍體，豪伊森都會弄到手。伯恩病倒後，他讓豪伊森住到伯恩的住處附近，耐心等待著伯恩闔眼的最後那一刻。

★執念甚深的「屍體收藏家」，他採取的手段是什麼？

六月一日，伯恩在友人的包圍之中，嚥下最後一口氣。他最後的遺言是「千萬不要把我的身體交給亨特」。伯恩知道亨特並沒有放棄取得自己的身體，因此他的遺願是把自己的屍體放在一個由鉛製成的棺木中，密封之後沉入大海，才能遠離亨特的魔掌。

六月五日，亨特的友人們來到倫敦以東一百一十七公里遠的港都馬蓋特（Margate），他們在此搭船出港，並將伯恩的棺木沉入海中。

伯恩心想，無論亨特有多少手段，這一次，他或許將永遠失去了他的獵物了。

熟知，襲擊伯恩和他的朋友，對亨特來說卻是易如反掌。

伯恩的朋友大部分都是在酒館認識的，他們大多嗜酒如命，只要一有機會，他們就會找藉口舉辦酒宴。就在這群酒鬼沒有守著伯恩的屍體，出門喝酒的時候，亨特出手的機會來了。如此這般，葬儀社找到機會，成功用石塊取代棺材中的屍體。

亨特支付高達五百英鎊（約六百萬日圓）的鉅款，向葬儀社收購伯恩的屍體。結果，沉入海中的只有棺材和填充的石塊，可憐的伯恩的遺體就這樣被送到了亨特的實驗室。

正常情況下，亨特會先進行解剖實驗，但或許是因為當時正值屍體容易腐壞的初夏，且屍體已經放置五天的關係，亨特一改常態，立刻開始製作骨骼標本。

就這樣，「巨人」的遺骨標本誕生了。在那之後的五年間，亨特一直祕密收藏著這副標本。

★展示在眾人眼前，「巨人變身後」的模樣

一七八八年以後，亨特於自宅附屬的私人博物館內，公開展示自己數量龐大的人體標本收藏。

▲ 屍體收藏家亨特的博物館

在社交界之中，不乏為了讓亨特看診而支付高額治療費的社交名流。而在死後讓亨特取下病灶的器官製作成標本，也漸漸成為一種流行。然而比起社交名流的身體標本，觀眾的目光焦點卻是那副「巨人」伯恩的骨骼標本。

亨特被譽為天才外科醫生，他當時的收入以現代的日幣來換算，約達到六千萬日圓左右的水準。可是他收購遺體與製作標本的花費卻遠高於這個數字。因此為了好好維護、管理自己的收藏，開設一間兼顧愛好與收益的私人博物館，可謂是亨特的夙願。

而「巨人」伯恩的骨骼標本正是展出的重頭戲，人們除了驚嘆伯恩的標本之外，或許也再次驚懼於亨特異常的熱情。

順帶一提，亨特的部分收藏，包含查爾斯·伯恩的骨骼標本，由位於倫敦的英國皇家外科學院繼承，現仍於該團體經營的亨特博物館內展出。

15

世界上第一個輸血嘗試——德尼醫生使用的血液是什麼呢？

十七世紀的歐洲被譽為「科學革命時期」，它孕育了包含克卜勒、伽利略和牛頓等眾多天才科學家，然而在醫學方面卻依然相當落後。

當時的歐洲仍然支持所謂的「四體液說」，認為人的身體是由血液、黏液、黃膽汁和黑膽汁這四種體液所構成。

而人類之所以會生病，是因為這些液體在人體內失去平衡的關係，因此必須以剃刀切開患者的靜脈，施以所謂的「放血」治療，將導致疾病的「壞血」釋放出來。可是，除了釋放壞血以外，如果能夠同時將好的血液輸入病患體內，是否就能更快地恢復體液的平衡……？這樣的想法萌發於十七世紀，正是路易十四統治下的法國。

★「如果需要新鮮血液，用動物的血就好」

讓－巴蒂斯特．德尼（Jean-Baptiste Denys）是第一位為人體輸血的醫生。他是泵浦職人的兒子，在完成蒙佩利爾大學醫學院的學業後，成為一名執業醫生。在當時的階級社會中，德尼腳踏實地，一步步往上爬。他夢想在醫學史上留名，堅信「只要能為患者注入新鮮血液，病人就會立刻痊癒」。

然而這個想法最大的問題，在於當時的德尼認為「只要輸入的血液是新鮮的就好，用牛血或羊血就足夠了」。

對現代人來說，輸血是血液不足時，補充血液的一種醫療行為。

若要確保輸血的安全性，就必須保證雙方的血型彼此相容。這樣的觀念在現代社會雖是「常識」，但血型的概念事實上是晚至一九〇〇年，才被維也納的病理學家卡爾．蘭德施泰納（Karl Landsteiner）所發現。而現代社會所認知的四種基本血型，則要到一九二七年以後才正式確立。也就是說，人類對血型開始有所了解，其實是近代才發生的事情。不相容的血型無法輸血，更遑論把動物的血液輸入人體，簡直令人難以置信。想當然耳，身處十七世紀的德尼醫生無從得知此一事實。

★注入少年體內的「羔羊之血」

德尼一直懷抱著以動物的血輸入人體來治癒疾病的雄心壯志。一六六七年六月中旬，他終於迎來了一個絕佳的機會。

此時，德尼還只是一個二十五歲的年輕醫師。輸血是前人從未踏入的未知領域，但是對一個年紀輕輕、野心勃勃的醫生來說，這一次的挑戰無論如何必定是一個利大於弊的決定。

患者是一位十六歲的少年，已經持續高燒兩個月，病況相當危急。他已經接受了理髮外科醫師的治療，以剃刀切開靜脈「放血」二十幾次，病情卻不見起色。就是在這樣的狀況之下，德尼接手了這位病患。順帶一提，當時負責處理這類鮮血飛濺的「髒活」的人，不是身為醫師的德尼，而是理髮外科醫師——其實就是理髮師。當時醫學界的階級制度相當嚴密，負責這類「髒活」的不是醫師，而是身分較低的理髮外科醫師。德尼的工作夥伴是一位名叫保羅．埃穆里（Paul Emmerez）的理髮外科醫師，他在德尼的人體實驗當中扮演著不可或缺的角色。

輸血的時間訂於凌晨五點。為了進行輸血，他們請屠夫送來一頭羔羊。德尼首先從少年的手臂放出八十五毫升的血液。根據德尼的說法，由少年身上流出的血液是他「從醫至今見過最腐敗的血液」。

德尼將一根細細的金屬管插入被切開的靜脈當中，然後切斷羔羊的頸動脈，並拿另一隻金屬管插入羔羊的頸動脈之中。當從人與羔羊的血管中伸出的兩根金屬管結合在一起時，血量澎湃的羔羊血便汩汩地湧入少年的血管之中。

事實上，究竟有多少羊血輸入少年的身體已不可考。不過，正是因為輸入的血量相當少，才挽救了少年的性命。根據德尼的紀錄，剛開始輸血的時候，少年的身體產生了顫抖的情況，但過了一會兒，他的身體便漸漸地放鬆下來，就這樣沉睡過去。隔天早上，當少年睜開眼睛時，神情相當清醒，看來已經從高燒的危險狀態之中恢復過來。這是否可視為休克療法的一種呢？

★輸血可以治療「瘋狂」嗎？

在那之後，德尼可能以自費的方式，自己為另外兩名病人進行輸血治療。

首先是酒精中毒的匿名男性屠夫，接受治療後雖然一命尚存，但酒精中毒的症狀並沒有治癒。第二個接受輸血治療的患者是名叫古斯塔夫．邦德的瑞典貴族。相當不幸的是，他在第二次的輸血治療之後猝死。恐怕是因為被輸入了比之前更多動物血的關係。

邦德之死雖然重挫了德尼的輸血計畫，但是在法國貴族亨利．路易斯．哈伯特．德．蒙莫爾（Henri Louis Habert de Montmor）的強力支持之下，德尼還是得到了為第四名患者輸血的機會。這一次的治療，德尼必須挑戰以輸血來治癒陷入瘋狂的病患。

患者名為安托萬・莫雷（Antoine Mauroy）。莫雷在貴族宅邸擔任侍從多年，深深愛上了某位上流社會的貴族女性，卻因為身分地位的關係，經歷了最痛苦的失戀，整個人也因此完全崩潰了。

當德尼找到莫雷時，他近乎全裸，在塞納河畔的土堤上踩著泥濘走來走去，對著嘲弄自己的壞小孩大聲碎念、激動地揮舞雙臂四處威嚇……，映入德尼眼簾的，就是處於如此慘烈狀態的莫雷。

★釋放「各式各樣的體液」後便失去了意識……

德尼認為輸血是一項奇蹟般的醫療行為，甚至可以治癒如此瘋狂的莫雷。待莫雷被眾人制伏後，為了讓他度過輸血過程對身體帶來的衝擊，他們事先讓莫雷攝取大量營養，並安排他暫時安靜休養。

一六六七年十二月的寒夜，這一天，德尼終於決定為莫雷進行輸血治療了。德尼先為莫雷放了二百八十毫升的血液，然後將一根金屬管插入他的右臂血管之中，接著切開小牛的大腿動脈。但是因為莫雷精神錯亂、發了瘋似的扭動身體，致使療程一直無法順利進行。

結果，實際流入莫雷體內的牛血，大概只有一百五十毫升左右。即使輸入的血量相當少，莫雷的眼球卻開始骨碌碌地轉動，手臂和兩側腋下產生灼熱的感覺。

由於莫雷的狀況看起來相當虛弱，於是德尼和擔任助手的理髮外科醫師埃穆里暫停輸血。然而他們並不認為輸血是造成莫雷瀕死的原因，兩人甚至決定在兩天後為莫雷進行第二次的輸血治療。

這一次，衰弱的莫雷沒有了發狂的力氣，四百五十毫升的小牛血液就這樣流入了莫雷的體內。寒風從縫隙吹入屋內，即便如此，莫雷仍然異常地出汗並開始大聲尖叫，他感覺自己腎臟疼痛、噁心，甚至快要窒息而死。德尼一拔出輸血管，莫雷立刻大量嘔吐，並流出「各式各樣的體液」。兩個小時後，他失去了意識。

然而，奇蹟發生了。第二天早上，莫雷睜開眼睛後恢復了理智。他以平靜的語氣，向妻子佩蓮訴說自己發狂離開家之後發生的事情。看來，他仍然完整記得自己發狂期間所發生的種種。

至此，德尼相信自己已經「完全治癒」莫雷了。

可是，就在德尼公開發表自己治癒莫雷的經驗，以及為了提高自己的名聲開始宣傳的兩個月後，莫雷再次復發。雖然德尼認為復發肇因於酒精的攝取，然而事實上，莫雷在第一次輸血時為何恢復理智？這次又為何復發？德尼從頭到尾都沒有弄清楚真正的理由。

★從「名醫」墮落為「殺人醫師」……，事件的真相究竟是什麼？

正值莫雷病況復發之際，他的妻子佩蓮出現在德尼的面前。佩蓮的態度相當強硬，她告訴德尼既然一切萬事俱備，應該立刻為莫雷進行第三次的輸血治療。

當德尼來到莫雷家準備施行手術時，莫雷被綁在床上，陷入瘋狂的他正劇烈扭動著身軀。德尼雖然試著為莫雷輸血，但莫雷的身體卻開始發生痙攣等現象，實在不是可以進行輸血治療的狀態。

根據德尼的證詞，當天他沒有為莫雷輸血就直接回家了。沒想到，到了第二天，德尼卻接到莫雷病死的消息，未亡人佩蓮指控德尼是殺人醫師，她認為正是輸血治療殺死了自己的丈夫。

「輸血害死我丈夫。」

「那天我沒有輸血就回家了。」

兩人各說各話，就這樣鬧上法庭，然而在審議的過程中，卻揭示了令人意外的真相。

莫雷真正的死因其實是砷中毒。因為丈夫莫雷經常對自己暴力相向，佩蓮在煩惱之下，便對丈夫下了劇毒，以砒霜毒死他。

在佩蓮背後主導一切的，是一群身分地位相當高的醫師。他們對於德尼的輸血萬能說採取反對的立場。當佩蓮因為丈夫再次陷入瘋狂而煩惱時，他們接近佩蓮，並告訴她：「只要妳作證莫雷是因為輸血而死，就能自然地收拾掉丈夫，還能拿到錢」。就這樣，他們成功收買了佩蓮。

年輕醫師德尼的輸血挑戰，只滿足了自己一時的野心，不僅沒有拯救莫雷，也沒有幫助到莫雷妻子佩蓮。

德尼後來雖然被判無罪釋放，仍然繼續執業，但卻再也沒有機會繼續他的輸血實驗了。

德尼曾經為了輸血成功，賭上自己人生的一切，但他在醫學上的成就卻不是輸血，而是發明了止血劑。或許這就是命運的諷刺之處吧！

16

結核是「憧憬的對象」？——只有菁英會得的病

在人類的歷史當中，結核病長久以來被視為是一種難以治療的「絕症」。

人類與結核病奮鬥的歷史相當長遠，最早可追溯到古希臘時代。在「醫學之父」希波克拉底（Hippocrates）的紀錄當中，就有關於結核患者的特徵描寫：「患者的身形消瘦、臉色蒼白，症狀為咳嗽、咳血。臉頰紅潤、眼睛閃閃發亮，彷彿帶著光芒」。

在結核病的特效藥——抗生素被發明出來之前，人類只能臣服於結核病的恐怖，無異於希波克拉底的時代。

儘管如此，大約在十七世紀晚期到十八世紀中期的這段時間，結核病的傳播狀況卻開始有了變化。改變的開端始於發生在威尼斯共和國的貿易事件。

威尼斯共和國等位於南歐的幾個城市，自古以來便經常與亞洲往來貿易，然而在貿易的同時，不只輸入了貨物，也同時帶來了「疾病」。為了防止這樣的狀況，當時的貿易大國義大利便開始思考，是否可能透過檢疫的方式來防止疾病入境。

最早將結核病視為法定傳染疾病的國家是義大利的盧卡共和國（即現在的盧卡公國），可追溯至一六九九年。該共和國於一七五一年被西班牙接管。透過海外貿易致富，是這幾個地域共同的文化特性，這也代表傳染病對當時的商業來說，是攸關生死的重大問題。

義大利和西班牙等南歐國家，在十八世紀時就已經是商業貿易的強國；在與世界各地交流的情況下，更累積了相對豐富的知識，成為世界上屈指可數的防疫先進國家。

★肺結核是「菁英特有的疾病」

然而在另一方面，英國、法國等西歐國家卻「不知出於何種原因」認為肺結核不是傳染病，而是家族性遺傳疾病。也就是說，他們認定肺結核是只有特定家族才會罹患的、特殊的遺傳性疾病。由此可見，他們對希波克拉底的說法照單全收。

在這樣的背景之下，英、法等國的肺結核患者不僅可以自由行動，甚至因為肺結核被認定是菁英特有的疾病，而成為社會當中潛在的憧憬對象。在距今約兩百年以前的世界，「同一種疾病」也會因為地域的不同，而產生完全不同的應對方式，就像與生俱來一般理所當然。

★苦於「周遭偏見」的蕭邦

被譽為「鋼琴詩人」的弗雷德里克．蕭邦（Frédéric Chopin，一八一〇～一八四九年）也是飽受肺結核折磨的其中一人。由於溼冷的環境對肺不好，為了避開法國溼冷的冬天，蕭邦曾經搬到西班牙的馬約卡島進行易地療養。

在他居住的法國，有些醫學書籍甚至不負責任地寫下「肺病正是天才得以發揮的主因」。因此對蕭邦來說，也許一開始他也並不是那麼厭惡自己的疾病。

然而，當他來到馬約卡島，卻出乎意料地遭到了島民的冷淡對待。對島民來說，「管他什麼易地療養，這個陌生人就是一個散播疾病的麻煩人物」。

他們不但不提供馬車和住宿，蕭邦所到之處甚至可以在群眾之中聽到「殺死那個肺病患者！」的聲音。當時，作家喬治．桑（George Sand）也來到當地，她和蕭邦雖未正式結婚，卻是實質上的夫妻關係。因著當地島民對結核患者的排斥，導致兩人只能在如廢墟一般的古老修道院安身，過著相依為命的生活。

在音樂專書之中，大多提到「蕭邦因為肺病惡化的關係，移居到入冬依舊溫暖乾燥的馬約卡島。島上的生活重燃了蕭邦對創作的熱情，接連寫出一首又一首的名曲」。然而，筆者卻無法想像蕭邦在避寒之地愉悅生活的模樣，因為在他的創作當中，那些旋律沉重又壓迫的曲子似乎更為傑出。

▲鋼琴詩人蕭邦也是肺結核患者，1849 年

其中最有名的一首曲子是「雨滴前奏曲」（正式名稱為蕭邦《前奏曲集》第15號〈雨滴〉）。

聽著雨滴的聲音、漸漸墜入夢鄉的我，總會被沉重抑鬱的惡夢侵擾。在夢中，雨聲規律的節奏，就像前來迎接自己的葬列似的，我清醒過來。啊啊，如果只是夢該有多好⋯⋯。充滿戲劇性的樂聲，將蕭邦煩悶的心境、面臨死亡的恐怖，透過濃重的旋律傳達了出來。

即使是「同一種病」，也會因為地域、文化的差異而有不同的應對方式。即使是在二十一世紀的今天，仍然能夠證明這一點。

疾病的大流行不僅能改變人心，甚至能夠輕易改變社會和文化的形式。此一事實正在告訴我們，人們仍有許多事物需要從歷史的教訓之中學習。

17

以埃及木乃伊入藥、製作顏料——玩弄死者的負面歷史

擁有健康的體魄是全人類的共同願望。然而這樣的願望，有時卻會導致令人難以理解的詭異結果。

各位知道木乃伊曾經被視為靈丹妙藥，從埃及出口到世界各地嗎？

在古埃及社會中，死亡被視為死後生命的開始。人們認為，為了死後的生活，必須盡可能準確地保留自己生前的容貌。據說製作木乃伊的習俗，便是源於這類與宗教信仰有關的理由。

不過，古埃及人絕對沒有想到，自己的木乃伊竟然會成為一種藥材，甚至在全世界大受歡迎。

★「木乃伊靈藥」是真的嗎？

早在十三世紀左右，就已經能找到木乃伊從埃及的古墓當中被盜走，再作為藥品被高價賣出的紀錄。

根據當時的醫師阿卜德爾・拉蒂夫的紀錄，「農民將挖掘木乃伊視作一種兼差」。而被挖出來的木乃伊可能被完整地運送，又或是被分割成幾個部分，由開羅或亞歷山大的港口輸出到歐洲。

當時，木乃伊在歐洲是只有上流階級才能取得的高級藥材。

到了十六世紀，法國文藝復興時代的國王法蘭索瓦一世（François I）將木乃伊的粉末視為緊急用藥並隨身攜帶。當時的人們認為木乃伊的製作使用了天然的、且含有瀝青（bitumen）成分的混凝土（asphalt），他們相信瀝青是一種藥用成分，並具有神奇的療效。對現代人來說，瀝青只是鋪路的材料，也沒有人期待喝下它就能治病。更何況，木乃伊的製作在事實上並沒有使用瀝青，這種種的一切只是一場誤會。

★少年在埃及當地目睹的「真相」

十七世紀的醫生亨利——馬丁・德・拉・馬蒂尼埃（Henri-Martin de la Martinière）是第一個提出木乃伊可以「治療頭痛、痲痺、癲癇、耳痛、咽喉痛等各式各樣疾病」的人。他的整個青春期都在海盜船上度過，擔任著船上的外科醫生，後來被提拔為法國國王路易十四身邊的御醫。

他就是一切誤會的元兇。

少年時期的馬蒂尼埃在沒有正式受過醫學教育的狀況下，就進入法國軍隊從事醫療相關的工作。在他十二歲那一年，所在的連隊被西班牙軍隊俘虜，從事件中逃脫的馬蒂尼埃便以醫生的身分混進一艘海盜船。

在埃及的倉庫之中，馬蒂尼埃看到的是一座座由木乃伊堆積起的屍山。當時的海盜不僅靠掠奪維生，還從事搬運的業務，通常負責搬運一般貨船不願搬運的貨物——例如埃及的木乃伊。

然而這些木乃伊並不是盜取古墓而得來的「真品」，而是由死於天花、鼠疫等傳染病的屍身加工製作而成。因此從字面上來說，這些木乃伊可謂是貨真價實的「盜版貨」。

根據馬蒂尼埃的自傳《幸福的奴隸》一書記載，在蒐集而來的屍體裡面填塞「黑色黏液」之後，再用繃帶把屍體包好晾乾，這就是盜版貨「擬真木乃伊」的真面目。

雖說如此，即使是這樣的替代品，只要從埃及本地出口，就能以「埃及木乃伊」的名義高價出口到歐洲。

★活人「木乃伊」

一六一〇年，道明會（Dominican Order）修士路易斯・德・烏雷塔（Luis de Urreta）在其著書《衣索比亞王國的歷史》之中，記錄了他在衣索比亞的見聞，也就是「擬真木乃伊」製作的真相。

衣索比亞「擬真木乃伊」的製作流程，首先從捕捉可憐的活人開始。這些犧牲者會被迫挨餓，並投與特殊的藥物。上述步驟重複幾次之後，趁其熟睡割斷脖子，然後倒吊起來，靜待全身的血液流乾。

之後，用香料填充屍體，並以稻草包裹全身，埋入土中靜置十五天。出土後，於陽光下曝晒二十四小時，等到屍體的皮膚變黑之後，「擬真木乃伊」就完成了。

用這種方法製成的木乃伊，不只外觀比從古墓裡面挖出來的真品還要「漂亮」，且被視為「具有更加優越的藥效」。

馬蒂尼埃在埃及所目睹的木乃伊替代品之中，恐怕也混有這類衣索比亞製造而成的「擬真木乃伊」吧！雖然，馬蒂尼埃本人似乎不清楚這隱藏於真相背後不為人知的另一面。

★「流行表演」背後令人恐懼的真實

時序來到十九世紀，當醫學水準開始逐漸上升時，人們對藥物的需求也逐漸下降。然而，木乃伊在歐洲受歡迎的程度卻仍然歷久不衰。

尤其是在吹起考古學熱潮的英國，對木乃伊的需求更是愈加龐大。

他們由埃及進口一具具整副棺木的木乃伊，並當眾將木乃伊身上的裹屍繃帶剝下，這樣的木乃伊解體秀在當時被稱為「拆開木乃伊」，相當受到民眾的歡迎（在這個時期，比起木乃伊本身，裹住木乃伊的繃帶更有價值，人們會用這些繃帶來包裝魚、肉等食品）。

英國的外科醫生湯瑪斯・佩第格魯（Thomas Pettigrew）的「拆開木乃伊」特別受到歡迎。其廣為人知的程度，甚至讓他擁有「木乃伊的佩第格魯」的稱號。

然而有一天，當佩第格魯在木乃伊的骨頭上注意到一個腫瘍，他這才驚覺「木乃伊過去也是一個活生生的人」。佩第格魯也因理解到此一事實，而感到相當掙扎。

★踐踏「死者尊嚴」的長遠歷史

過去，木乃伊也曾被視為繪畫顏料而受到矚目。

人們將木乃伊盡可能地壓碎，製作成繪畫用的顏料。因為描繪人類的肌膚時，這種帶有粉色的褐色可以為畫筆下的膚色更添「深度」，因此相當受到歡迎。

然而，木乃伊容易變質，並不適合拿來製作繪畫顏料。除了天氣一熱就「滴水」，天氣一冷就「龜裂」外，還會讓其他材質的顏料變質，「副作用」非常多。

早在文藝復興時代，畫家就已開始使用木乃伊的粉末作為繪畫顏料。十九世紀中葉以後，繪畫顏料開始被製作為管狀的商品並投入市場販賣，工廠也以木乃伊粉末為主原料來製造繪畫顏料。由於易於取得且易使用的特性，使得木乃伊顏料受歡迎的程度又進一步提升。這種「木乃伊色」被稱為「木乃伊棕（Mummy Brown）」，在十九世紀末的英國美術作品之中，占有極為重要的地位。當時「前拉斐爾派（Pre-Raphaelite Brotherhood）」中的許多畫家都喜歡帶有陰影、有深度又獨特的紫實色彩，因此具此特徵的木乃伊棕也深受該畫派的喜愛。據聞其中一位名叫愛德華・伯恩－瓊斯（Edward Burne-Jones）的藝術家，曾經有一段時間相當鍾愛木乃伊棕色，但是當他知道這個顏色的製作來源之後，便不願再使用了，甚至將剩下的管狀顏料都埋葬在自己的花園當中。

消費木乃伊的悠久歷史，代表了過去那個沒有人在乎「死者尊嚴」的時代，而那樣的時代竟是如此的漫長。光是想到這一點，就足以令人戒慎恐懼。

第四章

任何人都想開啟的「神祕之門」

18

數學家畢達哥拉斯與他「瘋狂的邪教團體」

「畢氏定理」是國中數學一定會學到的基本定理，也是畢達哥拉斯（Pythagoras）知名於後世的主因。

畢氏定理說明，「直角三角形的兩條直角邊長度的平方和等於斜邊長的平方」（寺田寅彥『ピタゴラスと豆（暫譯：畢達哥拉斯和豆子）』）。儘管曾經提出如此著名的定理，身為數學家同時也是哲學家的畢達哥拉斯，無論在哪個領域卻都沒有留下任何一本著作。

即便如此，畢達哥拉斯仍被譽為希臘第一個哲學家，人生充滿了傳奇性的色彩。

畢達哥拉斯出生於愛琴海上的薩摩斯島。對當時的希臘人來說，薩摩斯島即是所謂的「外邦」，並非希臘的屬地。自古以來，希臘人自稱「Hellenes（意即英雄的後裔）」，並蔑稱外族人為「Barbaroi（意即不說希臘語的蠻族）」。

雖說如此，古羅馬帝國時代的作家埃里亞努斯（Claudius Aelianus）卻引用大哲學家亞里斯多德（Aristotle）的描述來介紹畢達哥拉斯，在希臘被稱為「北方的阿波羅」（出自『ギリシア奇談集（暫譯：希臘奇談集）』）。

為何自視甚高的希臘人會稱呼異鄉而來的畢達哥拉斯為希臘哲學之祖，甚至盛讚其可與希臘眾神之中擅長眾多才藝的阿波羅相提並論？

★被尊崇為「神的化身」的男人

據說畢達哥拉斯早年遊歷千山萬水，他二十多歲的人生是在長途旅行之中度過的。曾於印度和埃及學習數學的他，相信「萬物皆數」，並以此為基礎創立了密教學派。當時，畢達哥拉斯四十多歲。

畢達哥拉斯教派以位於義大利南部的克羅頓（Croton，即今天的克羅托內Crotone）為據點，該地在當時是希臘的殖民城市。任何人要加入教派，都需通過指定的數學考試，並且嚴禁將教團中的知識外洩給他人。在畢德哥拉斯的教團之中，無論男女都有平等求知的權利，是特別值得注意的地方。

畢達哥拉斯曾在奧運的拳擊競技之中獲得優勝，其身高超過一百八十公分，肌肉強健、一身白衣，對他的信徒來說，必定是如神一般的存在吧。

事實上，畢達哥拉斯的話對信眾來說，確實與神的語言無異。

★瘋狂的「集團鐵則」

對畢達哥拉斯來說，「萬物皆數」當中的「數」僅限於「有理數」。「無理數」是「無法用整數及分數表示」的數字，畢達哥拉斯告訴門徒，無理數是不可宣之於口的「被詛咒的數字」。

熟知，竟發生一位名為希帕索斯（Hippasus）的門生因公然談論畢達哥拉斯禁止的「無理數」而被問罪，甚至被丟到海裡溺死。即便發生了如此恐怖的事件，仍有說法認為，希帕索斯「只是」因為身處過於封閉的教團還堅持提倡異端，才會被究責並遭到流放。（出自《數學的歷史Ｉ》，原文書名：*A History of Mathematics* 3rd Edition by Carl B. Boyer and Uta C Merzbach）

後來，這些維繫教派運作的「過於嚴格的紀律」，招致了教派的毀滅。

有一天，一位名叫庫隆的男人為了加入教派，前來參加入教考試。可是他卻被指控具有暴力傾向，而失去入教的資格。

庫隆因此對教團懷恨在心，某次他趁著教派中的絕對領袖畢達哥拉斯外出時，放火燒毀了位於克羅頓的教派總部。（出自《畢達哥拉斯傳》，原文書名：*The Life of Pythagoras* by Iamblichus）

說。

★偉大的數學家竟然被「豆子」逼死？

畢達哥拉斯的死因眾說紛紜，其中最具代表性的是「畢達哥拉斯死於豆田」一說。

當畢達哥拉斯學派與反對派開啟戰端時，反對派放火燒毀教派的建築物，畢達哥拉斯不得不逃出來。雖然他當時已經相當年邁，但畢竟是前奧運選手，儘管年事已高，甩開追兵對他來說仍非難事。

不巧的是，在畢達哥拉斯的逃跑路線上，出現了一片廣大的豆田。

一般來說，他只要穿過豆田就能逃出生天，但是畢達哥拉斯學派的其中一個紀律是「絕對要避開豆子」。對畢達哥拉斯來說，如果為了逃跑非得打破自己所制訂的紀律，還不如死了算了。寧死也不進入豆田的畢達哥拉斯，被稍候追趕而來的敵人割斷了喉嚨。

畢達哥拉斯討厭豆子的原因，諸如「豆子長得像生殖器」、「豆子是宇宙的象徵」

等等，都是他無法接受豆子的理由，看似相當神祕。然而，有沒有一種可能，或許畢達哥拉斯患有重度的豆類過敏？

這就是希臘第一個哲學家令人意外的真面目及其死狀。

19

發明大王愛迪生——

最後的心血「靈界通訊機」

不管別人怎麼說，都朝著自己相信的道路邁進……。或許就是因為抱持著這樣的「信念」，不顧一切橫衝直撞向前，湯瑪斯・阿爾瓦・愛迪生（Thomas Alva Edison）才能為自己開創天才發明家的一生。

愛迪生一生中取得的專利高達一千零九十三項，特別是電燈泡、留聲機和活動電影攝影機，更被譽為「愛迪生三大發明」流傳至今。

只是，「發明大王」愛迪生的榮耀到了今日，似乎也愈見黯淡無光。舉例來說，提取日本竹子的碳化纖維以製作燈絲（燈泡內部的細線，通電時能發射熱電子）的白熾燈泡，愛迪生確實擁有其專利，然而愛迪生並非發光技術的鼻祖。十九世紀初期，英國化學家漢弗里・戴維爵士（Sir Humphry Davy）於一八〇八年發明弧光燈，一般認為是人類史上最早的發光體，而愛迪生只是它的第二十五位改良者罷了。

並且，德國的鐘錶職人海因里希・戈培爾（Heinrich Göbel，成為美國公民後改名為 Henry Goebel）在一八五九年便開發了使用竹纖維的燈絲，不過由於愛迪生並不知情，戈培爾當時也未申請專利的關係，促成愛迪生在不眠不休的實驗後「終於」發明了電燈泡。

即便如此，愛迪生一進研究室便廢寢忘食，腦中湧現無數個發明點子，為了實現發想而忙碌的模樣，正好滿足了世人對天才發明家的想像。愛迪生擁有受到世界矚目的迷人特質。

★一樁強取的婚姻與隨之而來的悲劇

愛迪生成功實現的各項發明，就是他不顧一切努力，加上運氣所取得的成果。而失敗的部分——可說是除了成功案例以外，「幾乎所有」的嘗試都是失敗。

尤其是他的私生活，簡直充滿了可怕的失敗。這便是愛迪生不為人知的另一面。

正是這樣橫衝直撞的個性，導致愛迪生第一次的婚姻走向災難性的結果。一栽入研究便沒日沒夜的愛迪生，在二十四歲的時候愛上了一位研究所的工作人員，她就是當時十六歲的瑪麗．斯蒂維爾（Mary Stilwell）。愛迪生對她懷抱著強烈的愛意，很快地便鼓起勇氣向她求婚。

雖然瑪麗的家人對此不太情願，認為「現在結婚太早了」，卻仍被愛迪生強硬的態度說服。大約兩週後，愛迪生如願娶得瑪麗成為他的妻子。

可是當兩人完婚後，愛迪生就像從迷戀狀態醒來一般，變得愈來愈不關心瑪麗，最後甚至連家都不回了。

瑪麗的性格內斂、擅長自省，愛迪生卻總是不顧一切的往前衝，也因此兩人相處得並不融洽。不過，愛迪生對教育一直充滿熱情，因此當他的三個孩子——長女瑪麗昂、長男小湯瑪斯和次男威廉出生後，他嘗試對他們施以英才教育。愛迪生小時候相當熱衷於拆解手錶再重新組裝，然而當他向三個孩子示範拆解再組裝的過程時，沒有一個人對此表示出興趣。

漸漸地，愛迪生對家人失去興趣。他認為自己也沒有讀多少書，只有小學肄業，仍然成為發明家並取得成功，因此不願意浪費錢讓孩子上學。瑪麗對此也無能為力，不知道是否因為累積了過多壓力的關係，她在二十九歲的芳齡便亡故了。

三個孩子就在沒有受過學校教育的狀況下長大成人。因為愛迪生的獨斷和偏見，剝奪了孩子們求學的機會，他們亦沒有和同年紀的孩子相處的經驗，等同於沒有經歷社會化的過程。毫無疑問地，三個孩子未來的人生道路，將因為父親的錯誤判斷而走得相當辛苦。

★幸福的第二段婚姻和被遺棄的不幸孩子

瑪麗死後約莫兩年，時間來到一八八六年，四十歲的愛迪生對二十歲的有錢大小姐米娜・米勒（Mina Miller）一見鍾情。愛迪生不改作風，這次也是直接追到了女方家中，熱情地向米娜求婚。

米娜是位受過良好教育的有錢小姐，而愛迪生僅擁有較為片面的知識，因此當米娜教導愛迪生時，他也願意乖乖聽從。兩人之間也生下了三個孩子，分別是一個女孩和兩個男孩。長女和長男立志從政，次男則在愛迪生的研究所內擔任技術幹部；米娜的孩子一個個都朝著出人頭地的道路前進。這是因為米娜相當重視教育的關係，因此她的孩子並沒有和上一任妻子瑪麗的孩子一樣，遭到不聞不問的對待。

正當愛迪生與第二任妻子和他們的三個孩子在豪宅裡過著幸福快樂的生活的時候，第一任妻子瑪麗的三個孩子猶如被遺棄一般，只能靠自己面對即將到來的青春期。他們沒有受過任何教育，也沒有夢想，甚至連自己的身分都沒弄清楚。三個孩子就在渾渾噩噩之中，度過自己悲慘的一生。

長男小湯瑪斯因為找不到工作，跑到愛迪生的面前哭訴，於是得到了在父親的機械工廠工作的機會。可是，愛迪生的研究所可以說是「史上第一家黑心公司」，小湯瑪斯因為無法適應，很快便離開了。離開公司後，他打著「愛迪生二世」的名號開間詐騙公司開始四處行騙，還引發社會騷動。一九〇四年，愛迪生本人對小湯瑪斯提起告訴，公司遂面臨停業的命運。

雖然愛迪生後來把公司開發烤麵包機的業務交給他，但是這對小湯瑪斯來說實在力有未逮，愛迪生在斷定他沒有任何才能之後，給了他一座農場，讓他得以過活。此後，小湯瑪斯過著如幽閉一般的生活，最終於六十歲自殺。

次男威廉雖然立志成為軍人，但在四十歲退伍時，因無法繼續原來的工作，做生意也沒有成功，最後只能住在父親買的農場之中，並於五十七歲那一年死於癌症。

長女瑪麗昂則移民德國，嫁給德國的軍人為妻。第一次世界大戰之後德國戰敗，瑪麗昂的婚姻也因此破裂，迫使她不得不返回美國。

★愛迪生晚年醉心研究的「靈界通訊機」

如此這般，愛迪生將前妻三名孩子的困境拋諸腦後，卻沒想到自己竟也陷入了意想不到的危機。

愛迪生的工廠在第一次世界大戰中慘遭祝融，重建工廠的成本非常巨大，開始影響到公司的經營狀況。到了一九一八年終戰之時，愛迪生已經七十一歲了，不僅沒有任何可以賺錢的新發明，連研究所的經營都陷入困境。愛迪生開始拿員工的薪水開刀，不僅裁減員工的薪水，最後更大幅度地裁員，這是愚蠢的企業經營者的典型案例。當時的輿論認為，公司出現問題，又沒有新發明的愛迪生，無論身為經營者還是發明家都已經窮途末路了。

然而，愛迪生卻沒有忘記發明家的精神。他把自己關在研究所最上層的房間裡，埋頭研究著什麼似的。當時，愛迪生埋頭開發的就是被稱為「Spirit Phone」的靈界通訊機。

從愛迪生的名言「天才是百分之九十九的努力加上百分之一的靈感」，可以看出他頗為神祕的思考迴路。不過關於這句格言，正確的版本應該是「天才是百分之九十九的汗水（perspiration）加上百分之一的靈感（inspiration）」。也就是說，愛迪生真正想說的是：「哪怕只有一點點，只要靈感沒有閃現，怎麼努力都是白費的」。一九二〇年，愛迪生似乎完成了「Spirit Phone」的原型機（prototype）。他

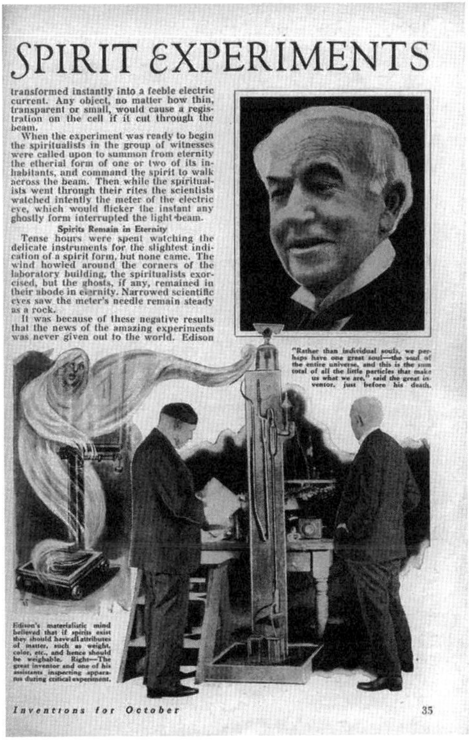

SPIRIT EXPERIMENTS

transformed instantly into a feeble electric current. Any object, no matter how thin, transparent or small, would cause a registration on the cell if it cut through the beam.

When the experiment was ready to begin the spiritualists in the group of witnesses were called upon to summon from eternity the etherial form of one or two of its inhabitants, and command the spirit to walk across the beam. Then while the spiritualists went through their rites the scientists watched intently the meter of the electric eye, which would flicker the instant any ghostly form interrupted the light-beam.

Spirits Remain in Eternity

Tense hours were spent watching the delicate instruments for the slightest indication of a spirit form, but none came. The wind howled around the corners of the laboratory building, the spiritualists exorcised, but the ghosts, if any, remained in their abode in eternity. Narrowed scientific eyes saw the meter's needle remain steady as a rock.

It was because of these negative results that the news of the amazing experiments was never given out to the world. Edison

"Rather than individual souls, we perhaps have one great soul—the soul of the entire universe, and this is the sum total of all the little particles that make us what we are," said the great inventor, just before his death.

Edison's materialistic mind believed that if spirits exist they should have all attributes of matter, such as weight, color, etc., and hence should be weighable. Right—The great inventor and one of his assistants inspecting apparatus during critical experiment.

Inventions for October 35

▲報導愛迪生發明的靈界通訊機的文章，1933 年

登上發行於一九二〇年八月七日的美國《富比士（*Forbes*）雜誌》，自豪地宣布他正在進行一項靈界通訊的實驗，並宣稱該實驗可以與死者交談。

不過到了一九三一年，就在八十四歲的愛迪生亡故之後，有人卻將愛迪生最後一項著迷的發明「Spirit Phone」的實際機器與所有相關的設計圖全部銷毀，世人也因此無緣看見這項發明的全貌。

無論如何，至少直到今天，愛迪生的靈魂還沒有對我們說話，這或許指向另一個令人難以接受的事實，也就是晚年的「發明王」愛迪生不僅沒有百分之一的靈感，很可能連百分之〇．一的靈感都沒有出現過。

20

渴求愛的作家——
杜斯妥也夫斯基對自己的「死亡預言」

明治時期以後，若要日本人舉出最受國民歡迎的外國作家，俄羅斯的費奧多爾・杜斯妥也夫斯基（Fyodor Dostoevsky）必定榜上有名。

杜斯妥也夫斯基文學的本質在於探問「信仰」，以及窮盡一切去探尋「未得救之人的悲哀」。日本信仰基督教的人口比例不到百分之一，人們對基督教並不熟悉，然而為何直到今天，杜斯妥也夫斯基仍能在日本如此受歡迎呢？

杜斯妥也夫斯基從不逃避面對人類的陰暗面，是其中一個原因。總是鉅細靡遺地描繪人類的愚蠢、醜陋和悽慘等陰暗面，使得他的文學作品擁有了震懾人心的獨特力道。

另外，杜斯妥也夫斯基自己的人生體現了得不到救贖的人類之悲慘樣貌，這也是他能吸引多數讀者的主因之一。「酒精、香菸、賭博和女人」，正因杜斯妥也夫斯基本身就是沉溺於此的人格缺陷者，因此能夠挖掘出藏在人性之下的罪惡。

★總是在「單戀」、神色不善的小說家

在人們的印象當中，杜斯妥也夫斯基總是與陰鬱的反社會人格形象連結在一起。從史實的角度去回顧，亦能發現杜斯妥也夫斯基的人生與該印象確實相去不遠。

不過……，綜觀杜斯妥也夫斯基的人生，「酒精、香菸、賭博和女人」這四項要素之中，只有「女人」這一項總是事與願違。即便在他的一生當中，曾經有過兩任妻子和幾位情婦，然而對杜斯妥也夫斯基本人來說，他的戀愛仍多停留在單戀的階段。

仔細觀察他的照片，或許可以看出些許端倪。杜斯妥也夫斯基的眼神相當軟弱，

似乎正象徵著他不可靠、軟弱又卑屈的人格特質。

那些被他糾纏著、反覆被他求婚的女性們，應該深知這一點。「作為伴侶，這個男人並不是一個好對象。」

從另一個角度來看，正是如此性格卑屈的男人，才會終日與酒精、香菸和賭博為伍吧！

★臥病的人妻與祕密戀情

杜斯妥也夫斯基退伍後，開始了他的專職寫作生涯，卻因為出入社會主義者的沙龍而遭到逮捕，展開四年的監獄生涯。獲釋後，有一段時間，他過著相當消沉的日子。就在此時，他開始沉迷於與瑪麗亞．伊薩耶娃（Maria Dmitriyevna Isaeva）的戀情之中。可是瑪麗亞不僅已經嫁做人婦，甚至還有孩子。

瑪麗亞當時感染了結核病，這是一場由同情展開的戀情。

後來，瑪麗亞的丈夫找到工作，一家人便搬家了。杜斯妥也夫斯基因此傷心不已。然而不久之後，傳來了瑪麗亞丈夫的死訊，這讓他不禁大喜過望。

為了讓成為未亡人的瑪麗亞早一步繼承遺囑年金，並將她的兒子送入軍隊從軍，杜斯妥也夫斯基動用自己所有的人脈，為此出謀劃策，含淚努力終於達成了他的願望——迎娶瑪麗亞成為他的妻子。

對杜斯妥也夫斯基來說，與瑪麗亞結婚的瞬間，就像是實現了長年以來殷切期盼的戀情一樣。但對瑪麗亞來說，她只是被動接受這一切，她對杜斯妥也夫斯基並沒有什麼特別的感情。也是因為如此，當瑪麗亞看見因癲癇發作而倒在一旁的杜斯妥也夫斯基時，她開始對一切感到厭惡，甚至用相當冷淡的態度對待她的丈夫。

★為了追求女性而成為賭徒

隨著瑪麗亞的結核病逐漸惡化，杜斯妥也夫斯基對她的感情也逐漸冷卻，他開始將注意力放在另一個年輕女性的身上。

這次的對象是一名女學生。波琳娜．蘇斯洛娃（Apollinaria Prokofyevna Suslova）是一名二十一歲的文學少女，她參加了杜斯妥也夫斯基講授的小說寫作課。波琳娜雖然曾經嚴正拒絕杜斯妥也夫斯基的求婚，卻無法抵擋對方「即便如此也想在一起」的猛烈追求，因此兩人總是維持著藕斷絲連的關係。

他們甚至一起前往歐洲旅行。由於杜斯妥也夫斯基為瑪麗亞辦理易地療養的程序相當漫長，蘇斯洛娃便早一步提前啟程前往歐洲。杜斯妥也夫斯基後來雖然也追隨著她的腳步前往歐洲，卻在途中沉迷於賭場，並輸掉了大量金錢。當他終於追上蘇斯洛娃的時候，卻被告知「你來晚了」。就在這段期間，蘇斯洛娃已經有了另一個情人。

杜斯陀也夫斯基被女人傷透了心，更在賭場幾乎喪盡所有家產。當他拖著身子返回俄羅斯時，等待著他的卻是妻子瑪麗亞和尊敬的兄長病危的消息。

在這樣悲慘的狀況下，杜斯妥也夫斯基開始構想一名殘忍殺害富有老婆婆的危險大學生——拉斯柯尼科夫的故事。這部著作就是後來的《罪與罰》。

★失去愛人又窮困潦倒——淪落「人生最低谷」

淪落人生低谷的杜斯妥也夫斯基卻沒有記取教訓，竟然又同時對兩位女性展開追求。其中，二十歲的文學少女安娜・瓦西里耶夫娜・科文－克魯科夫斯基（Anna Vasilyevna Korvin-Krukovskaya）立刻拒絕了他的求婚。另外一位從事英語翻譯的女孩瑪塔・布朗（Martha Brown，年齡不詳，推測相當年輕）亦對杜斯妥也夫斯基不理不睬。

如果是為了寫出悲慘的小說才要經歷這一切，那麼杜斯妥也夫斯基應該已經累積了超越一生能寫的份量了吧。可惜的是，他什麼都寫不出來，他整個人陷入了不想書寫的狀態。

▲杜斯妥也夫斯基肖像畫，1872 年

但是，中篇小說《賭徒》卻不得不在一八六六年十一月一日之前完成。若杜斯妥也夫斯基無法在期限內完成這本小說，不僅必須支付違約金，作品的著作權也會被該出版商奪走。當時杜斯妥也夫斯基簽下的就是這麼不合理的合約。

★中年男子「心急如焚的求婚」

面臨危機的杜斯妥也夫斯基為了加快寫作速度，雇用了一名速記員。出現在他眼前的，便是年僅二十歲的女學生安娜・斯尼特金娜（Anna Grigoryevna Snitkina）。

在安娜的幫助之下，杜斯妥也夫斯基如期完成了《賭徒》一書。深受安娜吸引的杜斯妥也夫斯基仍然不改過去作風，他嘗試向安娜求婚，希望她能成為自己的妻子。沒想到安娜竟然點頭了，她的回答是「我願意」。

杜斯妥也夫斯基向安娜求婚的時間點，約莫是在《賭徒》即將完成之時。安娜所撰寫的《回憶杜斯妥也夫斯基》一書的內容，便是從他對小說的構想為開頭，展開一段漫長的故事。

故事的登場人物之中，有一名疾病纏身的作家，和一名深受作家著迷的健康女性。杜斯妥也夫斯基對安娜說：「假如我是那個畫家，而妳是那名女子；畫家請求女子成為他的妻子，妳會怎麼做呢？」杜斯妥也夫斯基就是用這麼迂迴的方式，向安娜求婚的。

雖然是一個麻煩的大叔，卻也有惹人憐愛的一面。如果是杜斯妥也夫斯基過去求婚過的女性，大概會對這樣的他感到相當厭煩吧！但是安娜不一樣，她當場回覆「如果是我的話，就會接受求婚，成為畫家的妻子」，這回應讓杜斯妥也夫斯基欣喜若狂。

兩人訂婚時，杜斯妥也夫斯基已經四十五歲了。儘管安娜的家人強烈反對這樁婚事，不願意讓女兒嫁給「滿身債務又病得不輕的中年作家」，但深受作家才華吸引的安娜卻早已下定決心非君不嫁，兩人終於完成了婚事。

舉行結婚典禮那日，安娜因為稍微晚到，杜斯妥也夫斯基一度以為自己又要被甩了。安娜到場時，他鐵青著臉上前迎接，還對她說：「我是不會放手的！」。這對杜斯妥也夫斯基來說，可是人生第一次的兩情相悅呢。

安娜是一個頭腦聰明又有行動力的女性。為了改善明明相當受歡迎，卻一貧如洗的丈夫的經濟狀況，安娜開始經營自費出版，以期賺取更多收入。一八七三年，安娜以自費出版的方式，出版了杜斯妥也夫斯基的著作《惡靈》，該書在銷售上獲得了巨大的成功，也讓夫妻倆的財務狀況終於出現一些餘裕。

★老作家預言了「自己的死亡」

安娜與杜斯妥也夫斯基婚後一年的生活，大抵過得非常幸福。

雖然杜斯妥也夫斯基因為癲癇經常病倒，又嗜賭如命，有時又莫名嫉妒自己的年輕妻子，但大致上仍可說是幸福快樂。

一八八一年二月九日，杜斯妥也夫斯基為了拾取掉在地上的筆而試圖移動書架時，突然開始咳血，肺栓塞症狀已經惡化的他在說出「我今天會死」這句話後，真的就在當天去世了。

據說杜斯妥也夫斯基在死前最後的交談之中，對安娜說道：「我一直熱烈地愛著妳，即便在心中，我也從來沒有背叛過妳」。

根據安娜的描述，杜斯妥也夫斯基在待人處事方面是「人類的理想」。

對其他女性來說個性太過卑屈的杜斯妥也夫斯基，在安娜的眼中卻是一個惹人憐愛的可愛男人。雖然直到最後，杜斯妥也夫斯基都維持著一貫的陰鬱作風，但是能夠與安娜相遇，他已經非常幸福了。

21

功利主義者邊沁的遺言——「把我做成木乃伊」

傑瑞米・邊沁（Jeremy Bentham，一七四八～一八三二年）是一個典型的早熟天才。早在八歲之時，他就以「我是一個哲學家」來介紹自己了。

在明治時代以後的日本，邊沁的思想被譯為「功利主義」，因此很多人誤以為他是一名以利益為優先的經濟學者。然而事實上，邊沁卻應該被視為一位注重「公共利益」的哲學家。

近年來，由於邊沁是首批倡導同性戀合法化的先鋒人物，開始受到大眾的矚目。在很長的一段時間內，同性戀在西方社會曾經被視為宗教禁忌，尤其是邊沁出生的英國；而歐美各國之間對同性戀（尤其是男性之間）的壓抑更是極為嚴厲。在當時，只要你承認自己是同性戀者，就會被判處死刑。此外，如果你被懷疑是同性戀者，亦會被處以戴上頸枷、遊街示眾之刑，等於讓你的同性戀身分暴露在眾人的目光之下。

★成為代罪羔羊的同性戀們

令人感到恐怖的是，這種遊街示眾的刑罰，在當時的倫敦就像免費的展示品般，相當受到群眾歡迎。因此同性戀者們可能會被成千上萬的群眾圍觀，甚至被動用私刑，然而英國當局卻默許這樣的行為。

尤其是在市場底層勞動的女性和妓女，總是會遭受到非常殘酷的私刑對待。而對於那些無論多麼努力工作卻始終得不到太多回報的女性勞動者來說，被處刑的同性戀者就是她們發洩不滿的目標。

再者，雖然處罰的名目是遊街示眾之刑，卻經常發生受刑人因遭受迫害而失去意識，導致脖子被頸枷勒緊並窒息而死的事件。這樣的悲劇對譴責犯罪的人來說就是正義得以伸張，或許還是求之不得的事情。

當時，懲罰同性戀的唯一根據，只在於「聖經禁止同性戀行為」這一點。儘管仍有極大的「解釋空間」，但是許多人並沒有思考太多，認為只要是同性戀，就是必須施以嚴厲的處罰。

然而，邊沁看透了這些行為的本質。他認為正是這些人助長了「人類最墮落和最不道德的行為無可歇止地蔓延下去」。然後，他們還沾沾自喜地自認為是正義的夥伴。透過對同性戀者暴力相向，來獲取「難以從他處獲得的令人暈眩的滿足感」。邊沁感嘆著這樣的現實。

從當時的人口比例來看，同性戀者只是人口總數不到百分之十的少數族群，卻成為社會之中的代罪羔羊……。邊沁指出了當時英國社會的病態之處，即在資本主義紮根之後，差距更形擴大的真實現況。

★邊沁的遺言——「把我做成木乃伊」

邊沁對自身的死亡抱持著非常獨特的想法。

對於基督教中的死後復活、靈魂不滅等教義，他採取不信任的立場。或許正是這樣的邊沁，才會冒出把自己的遺體做成木乃伊並公開展示的想法。

邊沁在世的最後幾年，他把自己死前寫的所有文章，整理在一本名為《自我標本（Auto-Icon），即為死後仍能為生者貢獻之方法》的小冊子當中。這本冊子可視為邊沁的遺志，在這本冊子當中，邊沁寫下他希望能將自己的遺體製作為標本並公開展示，此舉震驚了他身邊的所有人。

邊沁認為「每個人都是自己最好的傳記作者」，每個人都能將自己的人生整理成冊，也能將自己的樣貌以繪畫、雕刻等方式記錄下來；而這個社會也應該創造更友善的環境以便保管這些資料。邊沁甚至明言應該要建造一個自我標本展覽館，並且需像圖書館一樣，將所有的資料公開展示在世人眼前。即便以現代的眼光來看，這樣的想法也相當具有劃時代的意義。

因此，邊沁留下遺囑，希望把自己的遺體製作為第一個自我標本，為自己的理想開路。

★「屍首分離」的事件始末

邊沁於一八三二年六月六日亡故，為了幫助醫學進步，他將自己的遺體捐贈給解剖學家理查德．葛人傑（Richard Grainger），並由他本人進行公開解剖。

解剖後，遺體的頭部和胴體被切分開來。頭部被施以特殊處理，製成木乃伊，胴體則刮除血肉並製作成骨骼標本。

遺骨的部分以金屬線固定，並依照邊沁本人的遺囑，展示時必須坐在椅子上，並呈現出沉浸於思考的肢體樣貌。上述姿勢完成之後，再為遺體穿上邊沁自己的服裝。不僅肉眼可見的西裝與長褲，連內衣和襪子也需穿戴整齊。

回歸正題，說到頭部的特殊處理，出於某種不知名的原因，當時使用了毛利人製造木乃伊的傳統方法，導致頭部的肌膚腐敗變黑。

「當我成為自我標本時，請把這個放到我的眼睛裡」。邊沁更指定：成為標本後，需將自己隨身攜帶十幾年的玻璃珠放到眼窩的空洞之中……。這使得他的頭部遺骸變得更加怪誕。邊沁頭部的防腐措施終究以失敗告終。

▲存放於倫敦大學的邊沁遺體

或許邊沁已經事先預想到會發生這類型的麻煩事了吧？奇怪的是，他還留下遺言，希望身邊的人以「木乃伊的製作相當昂貴」為由，阻止那些以自己為榜樣的人製作自我標本。身為公益主義者的邊沁，他的目的是讓自己成為世人的負面教材嗎？

邊沁支持者們為此相當傷腦筋，他們甚至特地委託法國的模型雕塑家模擬邊沁生前的樣貌，以蠟製作一尊邊沁的頭像。並以這尊蠟製頭像替代邊沁真正的頭，安裝在他已經成為骨骼標本的軀體之上。

★足球是「木乃伊的頭」？

依循邊沁本人的遺囑，當他的遺骸製成標本之後，必須由他的弟子托馬斯．索斯伍德．史密斯（Thomas Southwood Smith）醫生接手處置。因此有很長的一段時間，邊沁的自我標本一直放置於史密斯醫生的診療室中，直到一八五〇年才被捐贈給倫敦大學。然而，當時的倫敦大學雖然接受捐贈，卻對此感到相當困惑，因此遲遲沒有展示遺體。對於倫敦大學不知所措的搖擺態度，史密斯醫生感到相當不以為然。

後來，邊沁本人的頭顱雖然被放置在地上展示，但因為外觀看起來相當恐怖，讓公開展示變得更為困難。一九四八年，倫敦大學改為將頭顱安置在特別訂製的木箱之中。

傳聞大學之中，經常有壞學生把邊沁木乃伊化的頭顱當成足球踢著玩，然而倫敦大學方面否認這個說法。邊沁的頭顱在倫敦大學展示期間，還曾經發生過一個突發事件。一九七五年十月，一名倫敦大學的學生「綁架」了邊沁的頭顱，他要求大學方面捐贈十英鎊給慈善機構以作為贖金，才願意將頭顱歸還大學。

邊沁的遺體依照其遺願，被製作為自我標本並公開展示，這樣的作法是否在他死後持續為生者帶來貢獻，仍然可受公評。然而不變的是，邊沁的遺體直到今日，仍然在倫敦大學迎接前來參觀的訪客。雖然生前的邊沁和倫敦大學並沒有任何交集，但是在他死後，卻因為緣分發展出這樣一段深刻的羈絆，實在是相當奇特的一段佳話。

第五章

埋藏在「名著」背後的故事

22

盧梭把孩子送進孤兒院，卻靠教育論著《愛彌兒》大賺一筆

因為《愛彌兒：論教育（*Émile ou De l'éducation*）》一書問世，啟蒙時代的思想家尚－雅克・盧梭（Jean-Jacques Rousseau）一躍成為家喻戶曉的人物。

但是很多人可能不知道，盧梭的五個孩子最終卻都成了「被遺棄的」孩子。

這五個孩子陸續誕生於一七五三年以前，他們全都被盧梭送進了孤兒院。因此，盧梭於一七六二年出版《愛彌兒：論教育》一書，除了闡述他自身拋棄孩子的後悔心境，更由「如果自己能好好養育孩子」的觀點切入，論述他對教育的看法。

盧梭的出生環境不佳，最後甚至被作為犯罪者的父親拋棄。或許對盧梭來說，這本書就是他對自己的再教育吧！

★「再打我一次」——覺醒的慾望

盧梭出生於瑞士，少年時代的他日子過得並不快樂。

盧梭的父親艾薩克是一名製錶師。艾薩克在某次與一名法國大尉的激烈爭吵之中，因拔刀而被起訴後逃亡，整個家也因此分崩離析。

盧梭後來輾轉搬到一位親戚熟識的牧師家寄住，也在此遇見了朗拜爾西埃小姐。四十歲未婚的朗拜爾西埃就像他的母親一樣，總會狠狠的教訓他。

根據盧梭的自傳《懺悔錄（*Les Confessions*）》一書的記載，十歲左右的盧梭幾乎每天都會遭受朗拜爾西埃小姐的掌摑，然而盧梭卻在這份痛楚和羞恥之中，開始萌生了「再打我一次」的受虐欲求。盧梭為了被打，甚至故意做壞事以尋求朗拜爾西埃小姐的體罰，實在是一個不折不扣的變態。

有一次，朗拜爾西埃小姐的髮梳壞了，盧梭因為被懷疑為犯人而遭到嚴厲的體罰。當時，他第一次對自己的情緒感到震驚，他發現自己對「不公正行為的憤怒」

竟是如此強烈。「有些時候我想被體罰。然而，我無法原諒自己不情不願地遭到體罰」，這是他最真實的心情。

只是，由於盧梭一直甘於遭受朗拜爾西埃小姐的掌摑，甚至還有故意迎合的傾向，因此當朗拜爾西埃小姐發現髮梳損壞時，第一個懷疑的就是盧梭，他甚至沒有任何辯解的餘地。

在這樣的經歷當中，盧梭似乎有了一點想法又好像沒有，令人不禁有點吃驚，畢竟他是如此廣為人知的思想家。甚至是到了晚年，他才提筆寫下《懺悔錄》一書。或許這就是所謂的江山易改，本性難移吧！

★對孩子下麻醉藥，恐怖的教育法

十八世紀歐洲成年人對幼兒的態度，不是過於不負責任就是太過嚴厲。

同一時期，江戶時代的日本已經出現了記載「絕對不可大聲吼叫孩子，也不可體罰」的教育專書。然而歐洲卻完全反其道而行，仍然認為孩子就是需要好好「調教」。

即使是對待相當脆弱的嬰兒，他們的態度也非常馬虎。

在十八世紀的歐洲，嬰兒往往全身上下被一圈又一圈的繃帶纏住，就像埃及的木乃伊一樣，纏到全身幾乎不能動彈為止。只要一哭鬧，甚至會被灌入摻了酒的牛奶；這樣的待遇還算好的了，有些孩子甚至會被灌入加了鴉片的牛奶。

這就是為什麼當時的歐洲，嬰幼兒死亡率如此居高不下的原因。

盧梭直到撰寫《愛彌兒：論教育》一書時，才開始提倡「不可以餵孩子吃麻醉藥」的觀念。或許可以看出，盧梭過去也曾默認此一行為，直到撰寫《愛彌兒》一書時才出現了改變。

★輕忽孩子的遺憾「絕對無法得到救贖」

盧梭在《愛彌兒：論教育》寫道：「不能履行父親義務的人，沒有成為父親的權利」。然而事實上是，盧梭自己是否有確實履行父親的義務，卻是一個很大的問號。「貧窮、工作、面子」……，無論有什麼理由，身為一個父親，只要孩子一出生，就不能放棄教育自己的孩子。盧梭認為忽視這項「神聖職責」的父親，將會不斷悲嘆自己的過失，而且「絕對無法得到救贖」。「貧窮、工作、面子」全都是致使盧梭捨棄孩子的理由。

在盧梭的心中，即使連續捨棄了五個孩子，最終他也只是以這些理由來收拾這個「無可奈何」的結果。盧梭雖然因此受到了內心的譴責，或許值得同情，但是仔細一想，卻也令人感到毛骨悚然啊。

★婦人們的「玩物」

或許盧梭對五個孩子的母親——泰蕾茲・勒瓦瑟（Thérèse Levasseur）的愛情並不深刻，也是他拋棄孩子的原因之一。

泰蕾茲是一個純真的女性，卻因為家境貧困，她貪婪的家人開始寄生在盧梭家中，再加上泰蕾絲沒有什麼教養，對一心想要往上爬的盧梭來說，起初他對這樁婚事並不太情願。而且，泰蕾絲幾乎完全不識字這一點，也讓盧梭因此相當輕視自己的妻子。

兩人正式締結婚姻關係後，從一七四五年開始，泰蕾絲不斷懷孕。但盧梭卻對懷孕中的妻子置之不理，反而沉溺於上流社會的夫人們，流連於情婦之間。他就像個小白臉一樣，享受著與貴族夫人交往的奢華生活。

有著一張可愛臉龐的盧梭對這些貴族夫人來說，與其說是戀愛對象，更像是一個消磨時間的玩物。

舉例來說，一七三六年盧梭仍未婚，當時二十四歲的他相當受到華倫夫人（Françoise-Louise de Warens）的寵愛，然而當時卻出現了另一位拉爾夫人，她對盧梭表現出赤裸裸的愛意。

擔心盧梭被其他女人搶走的華倫夫人，開始向盧梭索求肉體關係，兩人遂有了肉體上的結合。這似乎是盧梭的情事初體驗（是真是假不得而知）。將華倫夫人視為自己的姐姐甚至是母親的盧梭，覺得自己就像「犯下近親相姦」罪一樣，是一次相當悽慘的經驗。

盧梭和華倫夫人之間也因此暫時斷絕了往來。後來盧梭為了看病遠行，返回家中時發現多了一個不認識的青年。看來，華倫夫人似乎有把平民青年帶回家寵愛的癖好。

雖然在盧梭的心中，他不太能接受自己竟然和這樣的女性發生關係，然而盧梭已經慣於遭受粗糙對待了。對他來說，和不珍惜自己的人在一起，反而還比較輕鬆。引用盧梭自己的話來說，便是「自愛心的缺乏」。

盧梭與泰蕾絲結婚之後，也和貴族夫人一直持續著類似的交往關係。無論和誰分手，盧梭都能和任何其他人持續相同的關係。但對於泰蕾絲，她是真心愛著這樣的盧梭，可是他卻拋棄她生下的五個孩子，殘酷地對待她的真心。

盧梭過著如此不像話的生活，就結果來說，他從對自己的反省之中，寫就了《愛彌兒：論教育》一書，並於一七六二年出版發行。這本書的迴響之大，是他過去發表的所有作品都無法比擬的。同時，也為他帶來了許多反盧梭人士，甚至曾經招致大量的謾罵與指責。

盧梭雖然是一個多才多藝的能人，卻在關鍵之處有所缺憾，或許這就是盧梭一生的寫照。然而，其著作的有趣程度之所以遠勝於過去的思想家，是否正來自於他的「缺陷」呢？

23

爲實驗賭上生命的哲學家——培根的「雞肉冷凍實驗」

法蘭西斯·培根（Francis Bacon）是文藝復興時期的英國哲學家、科學家和政治家。這許許多多的頭銜，或許都證明了培根是當代「無所不能」的完人。可是若以培根的狀況來說，他同時也是「博而不精」的象徵。

這一點從他的政治家生涯，或是官員生涯之中，便可窺知一二。

培根雖然先後擔任了不錯的職位，卻經常為金錢所苦，過著沒有什麼滋味的人生。他看似把自己的一生獻給了伊莉莎白一世（Elizabeth I）和詹姆士一世（James I），事實上只是被物盡其用了而已。

一六〇六年之後，在培根擔任大法官期間，被指控收受當事人的禮物，因此遭到告發。身為大法官卻收受賄賂，培根被以賄賂罪起訴並被判有罪。他被判入獄倫敦塔（Tower of London）四日，罷免一切官職，並且終其一生再也不能進入到宮廷中擔任公職。這便是培根深陷政敵陰謀所導致的結果。

培根出仕大法官，本身又是哲學家，也屆六十五歲之齡，經驗何其豐富，但他卻從來沒有考慮過該怎麼做，才能讓自己不至於身陷危險之中。

★「雞肉可以冷凍保存嗎？」微不足道的問題引發的巨大後果

一六二六年三月底，培根的人生更以令人相當遺憾的方式閉幕。

觀察英國千年來的氣溫變遷，十七世紀的英國冬天堪稱冷到破紀錄，每年只要一入冬，泰晤士河便會凍結成為冰河。

培根被除去大法官一職之後，閒閒無事的他，和一位醫師朋友溫薩伯恩一起搭乘馬車，準備前往倫敦北部的高門（Highgate）地區。

從車窗看出去是一片廣闊的雪景，培根和溫薩伯恩醫師不知從何時便開始聊起「如果把肉冷凍於這片雪中，有辦法長期保存嗎？」這樣的話題。

培根認為答案是肯定的，但是溫薩伯恩對此抱持著懷疑的態度。

就在此時，培根突然從馬車之中飛奔而出，他衝進附近的農家，並買了一隻雞。剛剛還活跳跳的雞被培根拔了毛，折斷脖子並取出所有內臟。接著，他開始在雞的體內塞入冰雪。

培根這麼做只是想要證明自己的假說是否為真。他著手進行實驗，沒想到卻是一連串不幸的開端。

在天寒地凍的野外做實驗，比他想像的要艱辛許多。培根在雞的體內塞滿冰雪並放入袋中，並將袋子埋在雪地裡。然而就在此時，培根自己的身體卻發生了異變。冰凍徹骨的天氣使培根的身體凍僵了，他的身體也因此急遽惡化。

培根甚至等不到回家，只能緊急前往熟識的伯爵家中休息。即使已經躺在床上，培根卻仍然覺得床鋪冷得跟冰一樣。患上肺炎的培根從此一病不起。四月九日清晨，培根的姪子接到通知後急忙趕到伯爵家，培根挽著他的手臂就這樣斷氣了。

培根賭上性命進行了冷凍雞肉實驗，他自己卻再也沒有機會去確認實驗結果了。

他是代表性的加工肉品培根的發明者。此一說法雖然沒有根據，但他為了確認雞肉是否可以冷凍保存而進行實驗並因此病倒而死，卻是真實發生的事。

不過話說回來，為什麼當培根走到人生的最後一刻，目送他離去的不是妻子，而是姪子呢？

★失去年輕妻子的愛與喪失名譽的死狀

培根直到不惑之年都過去一半之時，才開始積極為自己尋找結婚對象。

年輕時的培根雖然野心勃勃，卻怎麼努力都遲遲看不到結果，他想著：如果自己的名聲能夠再往上提高一些，或許就能找到更優秀的妻子人選。培根不斷延後自己婚期的原因，似乎正是基於這樣的考量。

他的第一段婚姻在一六〇六年，也就是自己四十五歲的時候。當時的結婚對象是一個名叫愛麗絲·巴納姆（Alice Barnham）的少女。

愛麗絲是培根一位市議員友人的女兒，出生年月日不詳。只知道她和培根之間的年齡差距恐怕大到三十歲以上，是一個年僅十三到十五歲的小少女。

因為年齡差距過大的關係，兩人的結婚生活相當不順遂。培根在著作《培根隨筆集》（*the essays of Bacon*，另名：論說文集，一九五七年第一版，一六一二年、一六二五年增訂）當中寫道：「擁有妻兒子女之人，就像將自己的命運交到他人手上當人質一般，因為妻子兒女是成就豐功偉業的障礙」。由此看來，培根似乎對婚姻有許多怨言，且認為保持單身還是比較好的。

另一方面，由於愛麗絲是一個能言善道的強勢女性，培根在家裡似乎都稱她為

「小暴君」，兩人之間沒有生下任何孩子。

一六二五年，也就是培根過世的前一年，他寫下了一封遺書。培根原先打算把自己名下的土地和家具（當時家具的價值非常高，因此也會被列在財產目錄之中）留給愛麗絲，可是後來他卻特地畫線刪去自己遺囑中這部分的內容，還在上面寫「無效」二字。然而這樣的決定，卻不只是因為培根自己對年輕妻子沒有感情，而是因為他發現了愛麗絲的祕密戀情，對象是名為安德希爾（John Underhill）的男僕。據說培根死後僅僅三週的時間，愛麗絲便和安德希爾再婚了。

失去了妻子的愛情，而願意在培根臨終時來到床榻前擁抱他的人，或許就只有他的姪子了吧。培根不幸且離奇的死亡始於一隻雞的實驗，加上家庭分崩離析的狀況皆赤裸裸的攤在世人眼前，真是令人不勝唏噓。

★「冰凍雞隻」幽靈在雪原遊蕩？

令人不勝唏噓的，還有因為培根一時興起，就被抓來實驗的那隻雞；卻找不到任何史料可以告訴我們，這隻雞被冰凍之後究竟怎麼了？

或許因為如此，關於這隻雞的傳聞便開始甚囂塵上。聽說有不少人目擊到被培根殺死並埋葬的雞變成鬼魂在雪原中飛舞，而且光是在第二次世界大戰期間，通報的數量就高達二十件。

正因為處在糧食短缺的戰時，又值寒冬，才會看到這樣的幻影吧！

如果把這個故事告訴培根，他應該會不可思議地斥責「雞沒有靈魂！」吧？然而這個故事卻經常出現在歐美的恐怖故事書中，是一般人耳熟能詳的怪談之一。

24

「災禍始於口」——伊索寓言作者被處刑的理由

「螞蟻與蚱蜢」和「北風與太陽」都是一般人耳熟能詳的寓言故事，作者伊索的名字更是無人不曉。

在日本，由於英語音譯的關係，一般人已經習慣用「伊索（Aesop）」這個名字了。然而事實上伊索約是生活於古希臘時期，即西元前七世紀左右的人物，古希臘文的名稱為「埃索波斯（Αἴσωπος；拉丁字母轉寫：Aísôpos）」。

一般人可能都知道伊索這個名字，卻不知道他曾經身為奴隸的軼事。傳說伊索曾經是一名奴隸，因為擅長說故事，才獲得釋放。

伊索的名字最早出現在古希臘歷史家希羅多德（Herodotus）的史學名著《歷史

（第二卷）》之中。根據希羅多德的記載，伊索和傳說中的妓女洛多庇斯（Rhodopis）都是奴隸，並且彼此是同輩的友人，服侍同一個主人。

★「寓言」大師講述的故事

伊索非常善於講述「寓言故事」，是個能夠游刃有餘地在公眾面前發表的人。

最早出現與伊索「作品」相關的文字紀錄，竟然來自於大哲學家亞里斯多德（Aristotle）著作中所引用的一個故事。在亞里斯多德《修辭學（第 2 卷之章）》一書之中，記錄了一段伊索透過講述的寓言故事，為「被判處死刑的某位政治家求情」的故事。

接下來根據原文的記載，簡單描述一下這個故事。狐狸嘗試過河卻失敗了，他「被迫流入懸崖的裂縫」，並且被卡在那裡無法動彈。

在動彈不得的狐狸身上，聚集了名為狗蜱的寄生蟲。路過此地的刺蝟見狀，想為狐狸取下蜱蟲，卻被回絕了。狐狸對刺蝟說：「狗蜱可以從我身上吸食的血量所剩不多，我已經被吸食了不少血。即使你現在除去他們，還是會有別的『飢餓的傢伙』前來，把我剩下的血吸乾」。

或許各位會覺得狐狸的想法過於悲觀，但是伊索想要說的是，即便殺死這個男人（即被宣判處刑的政治家），也會有其他貧窮的某個別人接手做一模一樣的事。就結果上來說，只是換成後來那傢伙把各位共有的資金用光而已。

伊索透過寓言故事想要主張的是：因為這個男人（政治家）的工作能力很強，不殺死他並讓他在原來的崗位上繼續工作，比殺了他且讓另一個混蛋坐享其成來得好。

★「禍從口出」……被自己的專長奪去生命

雖說如此，伊索似乎是一個很容易捲入麻煩的人。他的人生最終也是這樣，因為被捲入某個麻煩事件而下台一鞠躬。

據說伊索是被處決死的。

根據亞里斯多德在著作《政治學（第5卷）》的說法，伊索曾經試圖竊取德爾菲神廟中的聖器，然而實際真相如何，我們不得而知。在這樣的狀況下，即便伊索再怎麼厲害，也無法藉由擅長的寓言故事來扭轉自己的死亡判決。

另有一說認為，因為伊索的口才實在太好了，權力者認為他的話語具有煽惑民眾的危險性，因此藉由莫須有的罪名將他治罪並判處死刑。若以伊索寓言的風格來總結伊索的一生，我們可以說，身為奴隸的伊索藉由高明的話術來獲得自由，卻也因此而死……，這就是所謂的禍從口出吧？

★「伊索寓言」的原本在哪裡？

伊索的一生就這樣以悲劇收場，然而他講述的「故事」本身卻在他死後繼續口耳相傳，最終成為「寓言」，甚至連別人創作的寓言都歸在伊索的名下。這就是伊索寓言歷史的開端，從遠古流傳至今，跨越了二千七百年以上的時間。

不過，讀者可能會覺得有一件事情很奇怪，那就是伊索自身並沒有留下任何一本著作，至今也沒有留存任何一部足以證實伊索為原創的典籍，那麼現在被翻譯成多國語言的伊索寓言，其依據的原本究竟為何？

說到這裡，我們要提一個有趣的故事。

一八一二年出版的「奧古斯都稿本（Augustana）」是以一世紀後半期問世的「原本」為基礎，於四世紀至五世紀左右以古希臘文抄寫而成。

這部以古希臘文抄寫而成的「奧古斯都稿本」，在十九世紀末時由法國學者埃米爾・尚布利（Émile Chambry）翻譯為法文出版，一般稱之為「尚布利版」。而日文版就是譯自此「尚布利版」，即為現今我們所閱讀的日文版「伊索寓言」。

另外，還有一個專門為小朋友改寫的兒童版，則是基於各種不同版本編撰而來。事實上，早在「奧古斯都稿本」刊行的十九世紀之前，就已經有各式各樣版本的伊索寓言流傳於世。

日本也有「伊索的寓言（Esopono Fabvlas，Fabvlas，即寓言之意）」和「伊曽保物語」等版本，這些版本都是由戰國時代時期的耶穌會傳教士翻譯的版本流傳而來。

順帶一提，因為版本不同而有所差異的內容，也是閱讀伊索寓言的樂趣之一。此時，我們可以透過閱讀並比較不同版本的「螞蟻與蚱蜢」來做為範例。

在傳教士編譯的「伊索的寓言」版本之中，蚱蜢整個夏天只顧著玩耍，最後向螞蟻乞求食物時，螞蟻雖然嘴上抱怨了一下，還是分了一點食物給蚱蜢。原文中相關的內容描述為：「我徹底嘲笑蚱蜢之後，給一點食物就把他們打發走了」。

該「寓言」問世後過了一段時間，時序來到十七世紀的法國。尚・德・拉封丹（Jean de La Fontaine），一位在「太陽王」路易十四充滿權謀算計的宮廷當中倖存下來的貴族政治家，他超譯了「螞蟻與蚱蜢」這個故事，賦予其更有趣的故事性（《拉封丹寓言》開頭第一話）。

在法文當中，螞蟻和蚱蜢都是陰性名詞，因此在拉封丹的版本之中，這兩者都是女性，她們針對女性的人生哲學這個命題，進行激烈的唇舌交戰。

閱讀法文版原文時，讀者會發現她們的言辭都相當有教養，彷彿聽到兩位貴婦人在聊天。飢餓的蚱蜢誠懇地向螞蟻提出請求：「能請您借我一點穀物嗎？之後我會連本帶利還給您」。

螞蟻開口問道：「在這炎熱的季節裡，您都做了什麼？」蚱蜢回覆：「我日以繼夜地為各位歌唱，真是非常抱歉啊」。螞蟻似乎感到冒犯，她冷冷回答：「您在唱歌啊？哎呀真好啊！這樣的話，下次試著跳舞怎麼樣？」便結束了對話。就這樣，蚱蜢並沒有從螞蟻那邊獲取任何食糧。

如此這般，伊索寓言便藉由被講述、記憶並重新講述的方式，以口傳文學的形式流傳至今。

即便到了現在，伊索寓言仍不斷地在世界各地出現新的版本。從這個角度來看，伊索或許是世界上歷史最悠久的文學作者之一，或可說是其中的一部分。

25

馬可波羅的《馬可波羅遊記》其實謊話連篇？

在筆者所知的範圍內，馬可．波羅（Marco Polo）的《馬可波羅遊記（*The Travels of Marco Polo*）》充滿謎團，可謂沒有比它更神祕的書籍了。

《馬可波羅遊記》是著名的遊記，記載十三世紀的威尼斯商人馬可波羅與其家族從歐洲出發，穿越中亞的塔克拉瑪干沙漠，抵達元朝統治的中國，並在當地遊歷七年的見聞。

不過，幾乎沒有人真正實際去翻閱《馬可波羅遊記》這本書。

這樣的現象不僅限於日本，而是全世界都有類似的狀況。雖是家喻戶曉的一本書，但大多數人都沒有讀過，然而世上卻沒有幾本書比《馬可波羅遊記》更加有名了。

▲《馬可波羅遊記》插圖

當人們愈去挖掘「實情」，便能看出馬可波羅其實根本沒有去過中國，甚至連馬可波羅這個人本身是否真實存在，都變得難以證實。就讓我們一起探究這本太過有名的《馬可波羅遊記》的真實吧！

★一本隨著時代愈來愈厚的「謎之書」

《馬可波羅遊記》的原始書名已不可考，原始稿件和最早期的手抄本也已經遺失了。該書被翻譯成各國語言，擁有一百數十種抄本，但是內容都不盡相同。

隨著時代變遷，《馬可波羅遊記》的頁數也變得愈來愈多。

其中一種說法是原本只有數十頁左右的原始稿件，到了現代日本，平凡社將之「完整翻譯」並出版了每冊各五百頁的文庫本共兩冊，結果人們再也無法從翻譯本中辨識出哪些才是原始的內容。一般認為這是由於熟悉東方文化的匿名編輯們，擅自在書中反覆添加內容，才導致頁數不斷增加的結果。

嚴格說來，這本書的作者也不是馬可波羅。馬可波羅只是提供內容的人，實際執筆的人是比薩的魯斯蒂謙（Rustichello da Pisa），他根據馬可波羅的筆記，並透過提問和自己的研究調查，來豐富整本書籍的內容。

《馬可波羅遊記》和其他遊記的不同之處，在於內容幾乎完全沒有提到旅途移動時的感想。這就是為什麼後人認為《馬可波羅遊記》只是把其他書籍中的知識「抄寫過來」的原因。

★《馬可波羅遊記》的最大謎團！消失的「萬里長城」

後人之所以推測馬可波羅其實從未到過中國的其中一個理由，便是他在遊記中從未提供萬里長城這一點。馬可波羅一行人是走陸路來到中國，穿越中亞的塔克拉瑪干沙漠之後，才進入元朝的領土。如果馬可波羅真的循著上述路線前往中國，他肯定會在旅途中看到萬里長城，然而在超過一百種的抄本之中，卻完全沒有出現過類似的記述。

不過，若只是根據這一點，似乎仍有辯解的餘地。一般認為，萬里長城是秦朝（西元前二二一～二〇六年）的秦始皇下令建造的。不過事實是在秦始皇修建之前，就已經存在最原始的城牆，後來又在不同的時代經歷多次修建，導致長城的位置和城牆的總數都隨著時代不斷發生變化。

現在我們看到的萬里長城，並不是秦始皇修建的版本，而是在秦朝之後將近一千五百多年後的明朝（一三六八～一六四四年）所修建而成的，而且目前也僅存狀態良好的局部城牆而已。在此之前建造的城牆，都因為戰爭或是嚴峻的氣候條件而沒有留存下來，或是處於即將倒塌的狀態。

後來，元世祖忽必烈汗的祖先就是以破壞萬里長城的方式侵攻中國，並在此建立了由蒙古人統治的元朝帝國。或許馬可波羅沒有提到萬里長城的原因，是因為萬里長城已經因為遭蒙古人攻打而倒塌，只看到斷垣殘壁的馬可波羅認為沒有留下紀錄的價值也說不定。

★日本人「剁了俘虜作為家族宴席的料理」？

馬可波羅另一個沒有提到的部分是女性的纏足，這一點相當不自然。畢竟，纏足是漢族的風俗習慣。當時，纏足的女性並不僅限於「不需勞動」的上流階級，即便是都市勞動者和農村女性，纏足的情況也並不少見。因此在市井街道上，應該經常能看見這些纏足女性的身影。再加上纏足女性走路的姿勢搖搖晃晃、相當特別，應該更容易注意到才是。

總是對各地奇特風俗興致盎然的馬可波羅，沒有道理對纏足視而不見。

馬可波羅對日本的介紹相當知名，他將日本稱為「黃金之國 Zipangu（以下稱日本）」，形容這裡的「住民皮膚白皙、禮節端正，如優雅的偶像教徒」，並且因「黃金四處可見」，日本國王的「宮殿屋頂鋪滿了黃金」……。不過這些善意的記載，也僅止於章節開頭。

在後續的篇幅當中，馬可波羅「批判」日本人為被施以「荒唐無稽的惡魔之術」

的偶像教徒，令人印象深刻。更好笑的是，馬可波羅還宣稱日本的奇異風俗是俘虜了「同伴以外的人」，如果對方不繳交贖金，日本人就會剁了俘虜，並把俘虜的肉拿來作為宴請親友的食材。

當然，馬可波羅自己也曾說過他從來沒有造訪過日本，但是從該敘述當中可以看出他對奇特風俗充滿了好奇心。因此，實在很難理解馬可波羅竟然會對中國女性的纏足風俗毫無著墨。

★馬可波羅是真實存在的人嗎？

馬可波羅的足跡不只在中國難以追尋，即便是在故鄉威尼斯，也難以找到他曾經存在的證明。關於馬可波羅本身，可以在《馬可波羅遊記》的序文中找到「馬可在國外生活了二十六年，此書是一二九八年他於熱那亞入獄服刑時，憑著過去遊歷外國的記憶記錄而成」的記載。除此之外，幾乎完全無法找到與馬可波羅本人相關的史料。關於馬可波羅的家族，也僅能於後人流傳的次要史料之中窺見部分而已。

因此，即使我們推測馬可波羅是剛才曾經提到的作家比薩的魯斯蒂謙所創造出來的架空人物，且《馬可波羅遊記》是根據此一架空的威尼斯商人為出發點的虛構創作，似乎也是相當合理的解釋。

究竟這個名為馬可波羅的威尼斯商人是否真實存在，已經成為無法解開的歷史謎團。然而，或許真的曾經有一個人，他從歐洲來到中亞，在做生意的同時將取得的情報記錄下來。他粗略的紀錄隨著漫長的歷史，逐步增添了許多篇幅，並成長為完全無法看見原始內容的全新樣貌……。

這或許就是《馬可波羅遊記》真正的面貌吧！

26

「勞工之星」——馬克思其實是超級有錢人

卡爾．馬克思（Karl Marx）是社會主義的先驅，也以此一身分廣為後世所知。一般人聽到社會主義這四個字，很容易誤以為馬克思過著貧困的生活，然而事實並非如此。事實上，馬克思性喜奢侈，是一個不折不扣的資產階級。

一八五〇年，由於德國加強取締共產主義者，使得馬克思在德國失去了立足之地。在無可奈何之下，馬克思只能移居英國倫敦，這是全歐洲唯一一個不排斥共產主義者的地方。在這裡，馬克思有生以來第一次經歷到何謂「真正的貧窮」。

剛到倫敦時，馬克思選擇一處附帶家具的高級寓所，與貴族出身的妻子燕妮（Jenny Marx）開始在倫敦的生活。然而隨著日子一天一天地過去，馬克思終於無法負擔房租了，他們不得不搬到倫敦最底層的貧窮區域居住——蘇活區的便宜公寓。

「這個公寓不只沒有附帶優質家具，還四處都是即將剝落、碎裂的痕跡，屋況相當破爛」。不僅如此，屋裡的東西都覆蓋著一層灰塵，完全沒有打理整頓過，是一個名符其實的垃圾屋。只有兩個房間的小公寓，因為馬克思總是雪茄不離手，加上暖爐的煤煙，使得屋內總是煙霧瀰漫、朦朦朧朧。

★「性喜奢侈」卻被稱為無產階級

此時，馬克思三十二歲。

他和生涯的盟友弗里德里希・恩格斯（Friedrich Engels）於一八四八年聯合發表了《共產黨宣言》，他們雖大力呼籲「全世界的無產者們，聯合起來！」，但是馬克思本人卻並非無產階級，他明明沒錢，卻還是想過中產階級的日子。

恩格斯自認對馬克思有監護的責任，因此當他看到馬克思的慘狀，即便自己的手頭也沒有餘裕，仍然持續為他籌措金錢。

馬克思當時從事的寫作工作近似於今天的自由作家，年收入約為兩百英鎊左右（一英鎊＝五萬日圓）。即便當時的倫敦是世界上物價最昂貴的城市，這筆薪水仍可算是一筆不小的數字。卻因為馬克思夫婦完全無法節省開支，生活總是處於赤字的狀態。

即便在剛剛提到的垃圾屋時代，馬克思夫婦仍堅持雇用多位僕役，就各種意義上來說都令人相當驚訝。

馬克思夫婦之間有不少孩子，每個孩子都有屬於自己的家庭教師（然而，或許是因為孩子們長期居住在充滿黴菌的髒亂環境中的關係，七個孩子之中只有三個女兒平安長大成人）。他們甚至還雇用了一位男性祕書，專門服務馬克思。

★沉溺於美色和賭博的大學生涯

馬克思一生都在追求奢侈安逸的生活，他無節制的浪費習慣影響了他的整個人生，並且早在大學時代就已經徹底顯現出此一傾向。

因為馬克思從小就相當優秀的關係，馬克思的父親海因里希（Heinrich Marx）對其相當溺愛。察覺到這一點的馬克思，也毫不客氣地將父親視為方便的提款機。

在海因里希年收入約一千五百塔勒（Thaler，一種曾在幾乎整個歐洲使用了四百多年的銀幣名稱及貨幣單位）的時期，當時還是大學生的馬克思一年就要浪費掉七百塔勒「用途不明」的巨額金錢。這個數字在十九世紀中葉的德國，相當於臨時工勞動者的七倍年收，絕對相當驚人（一塔勒＝五千～一萬日圓之間）。

馬克思從小就完全不注重自己的外表，總是頂著蓬鬆的亂髮和滿臉鬍鬚，穿著鬆鬆垮垮的衣服。對外表毫不在意、邋遢度日的馬克思，究竟是把錢花到哪裡去了？

仔細想想，沒有辦法跟父母好好交代的花費，也就是所謂的「用途不明」的花費，大概都拿去「花天酒地」了。也就是說，馬克思會不會是無法停止去找女人和違法賭博的人呢？

★高喊「打倒資產階級」的資產階級

馬克思夫婦住在狹窄又到處發霉的垃圾屋時，一直定期接受來自恩格斯的金錢援助。後來，因為親屬去世，兩人得到一筆優渥的資產，遂決定搬離此處。一八五六年，馬克思夫婦搬進「露臺房屋」，接著在一八六四年兩人又再次搬家，這次搬到了一幢「宅邸」。

當馬克思作為一個共產主義者，倡導資產階級將被勞工推翻的未來的同時，夫婦倆人卻根深柢固地抱著身為資產階級的自覺，將替三個女兒覓得良緣視為「義務」。為此，馬克思夫婦認為他們必須搬到有寬廣宴客廳的宅邸，才能為女兒舉辦社交舞會。

▲馬克思、恩格斯與馬克思的女兒，1860 年左右

他們的女兒們也跟有錢人家的大小姐一樣，在家中學習繪畫、鋼琴和唱歌，並且接受法語和義大利語的私人課程。為了不讓女兒們看起來比其他家庭的女兒遜色，馬克思夫婦甚至送她們去上新娘學校。然而，馬克思最疼愛的二女兒蘿拉卻告訴父母，她要嫁給身無分文的共產主義者保爾．拉法格（Paul Lafargue），這讓馬克思夫婦大失所望。

為了讓拉法格放棄結婚，馬克思還寫了一封信給他，內容提到「我把一生都奉獻給革命與抗爭，對此我無怨無悔，但這兩件事情恰恰相反」云云，讓人看了覺得這到底是什麼黑色笑話。結果，固執的蘿拉仍然決定要和拉法格結婚，馬克思雖不情願也只能嘆氣。

一八六九年以後，馬克思被恩格斯賦予了優雅的身分，以及每年三百五十英鎊的資助金。恩格斯擔心一次支付全額可能會發生瞬間花光的狀況，即便馬克思對此不甚滿意，仍設定以三個月一次的方式分期付款。

解決了財務問題，馬克思的生活卻仍難以稱得上快樂。馬克思的妻子和女兒相繼死於癌症，自己的身體也因為年輕時酗酒、抽菸而深受其害。不僅如此，馬克思還飽受皮膚病、結核病和支氣管炎等遺傳病的折磨。

馬克思坐在扶手椅裡面，就這樣過世了，第一個發現的人還是恩格斯。人生最後一刻，還要恩格斯來收拾。馬克思在一八八三年三月十四日這一天，走完他仰賴恩格斯照顧的一生。

★迷惑人心的「紅色惡魔」

到了晚年，馬克思不再書寫深具說服力、靈感滿溢的文章了。他的寫作風格變得錯綜混亂，相當難以閱讀。這個時候，把馬克思的文字「翻譯」成易讀好懂的文章，也成了恩格斯負責的工作之一。

馬克思死後，即便到了一八八六年，恩格斯對馬克思仍然充滿了仰慕之情；他說：「我所能貢獻的，即使沒有我，馬克思應該也能達成。但是馬克思卻能做到我無法做到的事情（略）。馬克思是真正的天才」。

馬克思的妻子燕妮也對馬克思充滿了愛慕之意，她邂逅馬克思的瞬間就墜入了情網。對於馬克思，她留下了這樣的文字：「卡爾，你親吻我、摟近我、深深擁抱我，當我因不安和驚恐而無法呼吸時，你凝視著我」。馬克思是否會施展蠱惑人心的魔法呢？

恩格斯曾經無償擔任馬克思的編輯助理，甚至連自己都破產了，仍然不間斷的持續資助馬克思。但是這對恩格斯本人來說，或許就是最幸福的人生了。而馬克思能找到一個像恩格斯這樣醉心於自己，又有才華的有錢人，也是相當的幸福吧！

如果兩個人都因此過著幸福的人生，旁人似乎也無從置喙。但是卻不能否認，卡爾・馬克思確實是一個攪亂他人一生的紅色惡魔，擁有著令人畏懼、吸引人飛蛾撲火的特質。

第六章

看了「不該看的東西」的人們

27

魔性之女瑪麗・安東尼特
曾經是一個「土氣少女」

法國王后瑪麗・安東尼特（Marie Antoinette），是法國大革命這個歷史變局中的悲劇人物。瑪麗以奢華鋪張的性格聞名，但是很少人知道，她其實曾經是一個純真的土氣少女。

瑪麗・安東尼特的人生經歷過多次巨大轉折。最初的轉折發生在一七七〇年，十四歲的瑪麗嫁入法國王室，成為路易十六的王后。

瑪麗乘坐的豪華六頭馬車停在凡爾賽宮砌滿大理石的中庭，當她步下馬車時，目睹這一刻的賓客們紛紛做出了各種截然不同的反應。由於瑪麗擁有閃閃發光的白皙肌膚與迷人的笑容，因此如同她未來的知名御用髮型師萊昂納爾・奧蒂埃

（Léonard Autié）所描述，王后確實具備了「變美的潛力」。然而一些辛辣的評論則認為，現在的王后只是一個乾扁細瘦的年輕女孩，而且還梳著特別俗氣的髮型。

當時，瑪麗的髮型是一種通稱為「羊頭式」的髮型，出自法國的資深髮型師拉斯納爾之手。瑪麗的頭髮被直直地往上紮緊，確實是相當過時的一種髮型。這樣的裝扮品味來自於奧地利女王，也就是瑪麗的母親瑪麗亞・特蕾莎（Maria Theresa），哈布斯堡君主國的實質統治者。

初來乍到的瑪麗，在凡爾賽宮的人眼中，怎麼看都是一個稚氣未脫的土氣少女。就連穿在身上的禮服，瑪麗都讓女官為她挑選，哪怕會讓肌膚曝晒在陽光下也毫不在意。她喜歡騎著馬在鄉間奔跑，有著相當男孩子氣的一面。

★一切都是「為了博取丈夫的愛」

這樣的瑪麗迎來了人生的第二個轉折點，來自於她與丈夫婚姻生活的不和睦。瑪麗的丈夫是當時的皇太子，也就是未來的路易十六。婚禮後，害羞的皇太子並未和瑪麗在床上發生肌膚之親，而且這樣的日子一過就是三年。

為了吸引丈夫，瑪麗還請來在巴黎相當知名的時裝設計師蘿絲・貝爾丁（Rose Bertin），她設計的禮服品味獨特且價格高昂，相當受到歡迎。

向瑪麗提出建言的人，是當時的法王路易十五的情婦杜巴利伯爵夫人（Madame du Barry）。瑪麗成長於信仰虔誠的家庭裡，本身相當厭惡不忠的行為，因此一開始瑪麗非常討厭杜巴利伯爵夫人，幾乎不怎麼搭理她。即便如此，瑪麗卻不得不承認在服裝品味方面，自己明顯遜色許多，因此雖然有些心不甘情不願，卻仍然採信了杜巴利伯爵夫人的建議。

為什麼瑪麗要為了吸引丈夫而做到這樣的地步？關於這一點，與其說是瑪麗敗給了來信說「想抱孫子」的母親，不如說是十八歲的瑪麗在心境上轉變了，她變得想要成為像勃利夫人（Comtesse de Polignac）這樣的年輕女孩一樣，「讓自己成為更有魅力的女性，想要被愛」。

▲引領時尚的法國王后瑪麗·安東尼特，1767 年

一開始，瑪麗請貝爾丁小姐「帶來最新款式的帽子」，但她卻空手而來，讓瑪麗嚇了一跳。更驚人的是，貝爾丁小姐竟信誓旦旦地對瑪麗說：「您不需要跟上最新的流行，因為您的一句話，就能帶動流行」。

貝爾丁小姐自信滿滿地告訴瑪麗，她能滿足瑪麗對服裝的所有要求。瑪麗立刻就被她俘虜了。

★「百分之一國家預算」的衣櫃

一七七四年，路易十六即位，十九歲的瑪麗也因此成為法國王后。

瑪麗成為凡爾賽宮身分地位最高的女性。在歐洲，她是第一個透過時尚和髮型，向世界傳達自我的王后。

此時，法國巴黎確立起「時尚之都」的地位，成為世界時尚的核心。巴黎設計師出品的禮服，亦成為歐美上流社會的時尚憧憬。在當時，巴黎出品了一種穿著設計服飾樣本的「潘朵拉」人偶，相當受到世界各地的歡迎。據說這些人偶就是以瑪麗王后的臉作為範本製作的，由此可見她如日中天的超高人氣。

據說在最鼎盛的時期，花在瑪麗王后個人妝髮和治裝的費用，就高達當時法國國家預算的百分之一。不過，當時的瑪麗王后的確算是法國名副其實的代表性人物，若從藉由她來經營法國形象的策略角度來看，整個國家的宣傳廣告使用了百分之一的國家預算，倒也可以說非常划算。

事實上，早在路易十六和瑪麗王后統治法國之前，即路易十四統治末期，就已經能看出法國經濟即將崩潰的徵兆。而且，與當時法國其他奢侈成性的王公貴族相比，雖然瑪麗確實有亂花錢的一面，但是在她與路易十六的夫妻關係穩定下來，並成為兩個孩子的媽媽之後，這狀況便改善了許多。

可是，過去瑪麗為了治裝花費的金額高達國家預算的百分之一這件事情，已經將她「對美的慾望無邊無際」的浪費形象深植入人心。

因此，在一七八九年，當巴黎的民眾攻占巴士底監獄，引發史稱法國大革命的一連串革命運動時，瑪麗王后便被視為「王室奢侈的象徵」，受到輿論的猛烈撻伐。

後來，瑪麗雖然以生命安全為由，說服路易十六帶著一家逃離法國，然而計畫最終以失敗收場，兩人皆面臨被監禁的命運。

瑪麗雖於審判中主張自己「從來沒有浪費過」，卻不被眾人理會。或許是過去奢侈度日的代價吧，她就這樣踏上了斷頭台。

28

花都巴黎市中心的巨大空洞——「棄置屍體的墓穴」

巴黎，一個充滿文化與藝術氣息的花之都。

巴黎市中的蒙馬特（Montmartre）以藝術之丘著稱，這裡有一個較不為人知的觀光勝地，稱為巴黎地下墓穴（Catacombes de Paris）。巴黎地下墓穴是花都「不為人知的一面」，它的歷史始於十八世紀末期的法國。

當時，巴黎的中心位於羅浮宮（Louvre，今天的羅浮宮博物館）一帶。巴黎皇家宮殿（Palais-Royal）等商業設施也在附近，這裡經常聚集著許多穿著華麗的紳士淑女。

然而，巴黎最古老、最大的無辜者公墓卻座落在直線距離不到一公里的位置，即在法國的正中心，治安狀況惡名昭彰的巨大墓地便橫臥於此。

★裝滿棄置屍體的「黑暗洞穴」

十八世紀末期，無辜者公墓占地廣達六千平方公尺，每年約有三千具遺體被埋葬於此。埋葬在這片墓地的都是一般庶民，因為他們不似貴族，擁有自己的家族墓地。

埋葬的方式也非常隨便。首先他們會挖出一個又大又深的洞穴，放入遺體之後再鋪上一層薄薄的土，反覆同樣的動作，直到洞穴埋入一千五百具左右的屍體。

附近的土壤因為容納大量遺體的關係，現在仍然維持著當時染成的赤黑色，只要一到夏天，便會飄散出令人毛骨悚然的蒸氣，空氣中也飄盪著在蒸氣中散發出來的惡臭。

由於屍體堆積的關係，使得無辜者公墓高高隆起，造成墓地高於周遭地景的窘境。哲學家伏爾泰（Voltaire）更將其稱之為「無辜者公墓的停屍間」。

一七七九年，當局在沒有任何解決對策的狀態下，決定直接將墓地往下挖得更深。就在向下挖掘的同時，墓地的邊界也被強行往市區的方向拓寬。緊鄰著墓地的朗格爾街，兩旁林立著一般庶民會經常使用的商店和出租住宅，這些建築物的地下三樓皆設有保存食物的儲藏室。也就是說，庶民的食物儲藏室和滿坑滿谷的屍體之間，僅有一牆之隔。

★散發死亡之氣的「巴黎的黑暗面」

墓地的範圍開始無邊無際地增生，不到一年的時間，麻煩就找上門了。

一七七九年年底，居住在朗格爾街出租住宅的格拉弗洛先生一打開地下室的門，手上的燈火瞬間燒光，這讓他嚇了好大一跳。下一秒，格拉弗洛先生發現他的地下室牆壁已經產生傾斜、龜裂的現象。原因正來自於遺體經年累月的累積，牆壁開始

▲填滿牆壁的遺體、遺骨

無法支撐大量遺體的重量。

當局負責前往調查的官員，其提出的報告也相當令人毛骨悚然。該報告指出：即使隔著一層牆壁，仍會傳來一股令人作嘔的惡臭。這股惡臭來自於腐敗屍體所散發的氣體，如果吸入這股氣體，有可能會引起「窒息、呼吸困難、震顫、貧血、暈眩」等症狀。雖然只要一離開該處，症狀似乎就會好轉，但是大約半天之後，整個人會陷入身體狀況不佳的狀態，甚至伴隨著意識障礙等症狀；運氣不好的話，更很有可能進入瀕死狀態。其他也有一些關於超自然現象的紀錄，例如接觸到該氣體的食物會當場腐敗等等。

即便後來證實所有事件的主因，都來自埋葬於無辜者墓地中數量龐大的遺體，當局仍然不改反應遲緩的本色。一直要到六年後的一七八五年十二月，轉移墓地遺體、遺骨的相關工程才正式開始進行。

★填滿牆壁的大量遺骨

取代無辜者公墓被指定為遺體、遺骨下一個安眠之地的位置，就在巴黎蒙馬特周邊「蒙蘇里平原地下的舊採石場」。巴黎地下墓穴的歷史，就從這個時間點開始延續至今。

今天埋葬在地下墓穴的所有遺骨當中，不僅有來自於上述的無辜者公墓的遺體，也有法國大革命當時犧牲者的。且開放民眾參觀的部分雖只是地下墓穴的一角，經年累月所累積下來的大量遺骨仍然令人瞠目結舌。

如此這般，當局花了半年多的時間，從無辜者公墓中挖掘出超過兩萬具的遺體，再運送到蒙馬特的「舊採石場」，也就是後來的「地下墓穴」。

歷經千年的時間，無辜者公墓終於完成了它的使命。這塊土地被閒置了一段時間之後，一部分被改建為廣場，另一部分則形成市場。這個市場雖然一度相當繁榮，然而到了現代巴黎，也僅能從法文「中央市場（Les Halles）」這個名稱之中，窺知其殘留至今的歷史脈絡。到了今天，當時市場的位置早已興建起百貨辦公大樓，成為複合式的商業設施。此地曾經是一個巨大墓地的負面歷史，也早已鮮為人知了吧？

29

傳教士眼中的「絕世美女」？——細川伽羅奢夫人

明智光秀有四個女兒，只有一個女兒在歷史上留名，那就是被稱為「細川伽羅奢」的明智玉，另一說為明智玉子。

「細川伽羅奢」這個名字開始廣為人知，是明治時代以後——也就是一百年前左右的事情而已。但是考慮到一般人對這個名稱的熟悉度較高，本文也從善如流地沿用。

伽羅奢（Gracia）這個字有「神的恩寵」之意，是明智玉受洗皈依基督教時獲得的洗禮名。在明治時代以前，身分高貴的女性即使在結婚之後，也不會以夫家的姓氏自稱，因此明智玉終其一生從未被以「細川伽羅奢」這個名字稱呼過。

★所謂的「悲劇美女」真的是美女嗎？

回到正題，歷史上關於伽羅奢這位女性的描繪，多為殉教身亡的悲劇「美女」。細川伽羅奢經常出現在以戰國時代為背景的虛構故事之中，是個相當受歡迎的人物，她在大多數的作品之中都被設定為美女。不過，各位讀者知道嗎？在與她同時代的人物的紀錄之中，完全找不到能證明她是美女的相關資料。

即使是她的丈夫細川忠興，甚至是她的貼身仕女們，也不曾提到細川伽羅奢夫人是位美人。伽羅奢夫人曾經前往大阪的教會，並在那裡與幾位耶穌會的傳教士見面，亦有幾位西洋傳教士列席。出席該場合的所有人，沒有任何一人提到其美貌。

儘管如此，「細川伽羅奢是個美人」這個說法卻如此地深植人心，實在是一個難解之謎。

天主教的傳教士們雖然都是一輩子單身的聖職者，但是遇到對自己來說有魅力的異性，可不會吝於稱讚對方。

伽羅奢夫人因為是細川家的名門夫人，無法自由地前往教會，因此她經常派遣一名叫做露易莎的「侍女長」代替自己前往。涅奇－索爾多・奧爾甘蒂諾神父（Gnecchi-Soldo Organtino）就曾經在報告中敘述她是一位「面容姣好之人」。根據奧爾甘蒂諾神父的說法，連伽羅奢夫人的丈夫細川忠興，都對露易莎表現出相當濃厚的興趣。

那麼，教會是如何評價伽羅奢夫人的呢？曾經接待過伽羅奢夫人的修道士高井曾在耶穌會《一五八七年日本年報》中提到，「自己從來沒有遇過理解力這麼高的女性」。

另一位傳教士安東尼奧・普列涅斯蒂諾（Antonino Prenestino）也曾經接到來自塞斯佩德斯神父（Gregorio Céspedes）的報告，內容提到「（伽羅奢）夫人是一位理解力與聰慧兼具的人」。這份報告曾被送往梵蒂岡，不過，在文獻中卻無法找到任何關於伽羅奢夫人容貌的蛛絲馬跡。

★歿後始流傳於後世的「絕世美女」形象

即便如此，一些讀者可能會想起，似乎「曾經有耶穌會的人提到伽羅奢夫人是個美人」的印象。該印象來自於讓．克拉塞特（Jean Crasset）的著作《日本教會史》。只是，克拉塞特生於一六一八年，彼時伽羅奢夫人已經過世十八年了。

「伽羅奢夫人雖是個叛逆的妻子，但是因為她美貌驚人，細川忠興仍然無法與她離婚」，相信各位讀者可能也曾在某處讀過類似的敘述。第一個寫下這個版本故事的耶穌會成員，就是讓．克拉塞特。

克拉塞特的文章在歐美流傳了很長一段時間，也曾在明治時期被翻譯出版。

順帶一提，據說伽羅奢夫人的美女設定是從江戶時代中期的歷史小說《明智軍記》（作者不詳）開始的。當時的日本處於鎖國狀態，與宗教相關的書籍都被禁止輸入，因此很難說《明智軍記》的設定是因為受到克拉塞特書籍的影響。這讓「伽羅奢夫人是美人」此一說法出現在日本的原因更加撲朔迷離。不過，無論是克拉塞特或是《明智軍記》的作者，都不約而同地透過將伽羅奢夫人設定為美女，以吸引讀者的注意，這一點則是無庸置疑的。

★隱藏在面紗背後的「伽羅奢的美貌」

這麼說來，伽羅奢夫人「悲劇美女」的形象只是一個虛構的設定、一個錯誤的認知嗎？

確實，目前還找不到任何歷史文獻可以證明伽羅奢夫人是個美女。但是反過來說，也沒有任何文獻提到伽羅奢夫人的外貌。

細川伽羅奢是名門大名．細川忠興的正室，當時身分高貴的女性若外出，一定會把容貌隱藏起來。她們會從頭披上一種被稱為「袿」的裝束，並將大部分的臉和身體用「被衣」隱藏起來。或是她們會戴上被稱為「市女笠」的大尺寸斗笠，這種斗笠的邊緣會垂下一種被稱為「蟲垂」的面紗，把臉和上半身完全遮蓋起來。

這便是俗稱的「壺裝束」。壺裝束是貴族女性外出時所穿的服裝，可以保護她們不被無理的視線打擾。

據說伽羅奢夫人居住在位於大阪的細川家屋敷時，曾經躲過嚴密的監視，和幾個侍女穿著相同的服裝前往教堂。雖然沒有記載她們穿著什麼樣的服飾，但依照當時的風俗來推論，應該就是「壺裝束」了吧。

話說回來，伽羅奢夫人一生中只去過教堂一次，也就是這次機會而已。面對初次見面的人，即使是傳教士，也很難想像伽羅奢一行人會以真面目示人。

為什麼只有「侍女長」露易莎被奧爾甘蒂諾神父形容為「面容姣好之人」？應該僅是因為他剛好負責為露易莎施洗，得以近距離看到她除下蟲垂面紗的臉龐罷了。

而伽羅奢夫人本人是在細川府邸受洗的。她從比自己早一步受洗的侍女們當中，挑出清原瑪麗亞來為自己施洗，因此沒有任何一位傳教士有緣得見夫人的廬山真面目。由此我們可以推測，耶穌會相關人士等之所以無人談論伽羅奢夫人的容貌，是因為他們「從來沒有親眼看到伽羅奢夫人的臉」、「不知道伽羅奢夫人長什麼樣子」的關係。

★從丈夫的執著當中窺見的「真實容貌」

並且，伽羅奢夫人的丈夫細川忠興表達愛的方式也非常具有個人特色。雖然他總是誇下豪語說自己要娶五個側室，只要喜歡上了，哪怕被對方拒絕，還是會非常執著於對方。

根據奧爾甘蒂諾神父的說法，「美貌」的露易莎一直受到細川忠興的熱烈追求，他還經常纏著露易莎，要她嫁給自己當側室，露易莎為此非常煩惱。

據此我們可以得知，細川忠興對美麗女性有著強烈的執著，而他最執著的女性是伽羅奢夫人。若從這兩點來推論，伽羅奢夫人或許確實是「面容姣好之人」吧？

30

克麗奧佩脫拉——
從男人手中奪取權利的高雅女王

克麗奧佩脫拉七世（Cleopatra VII Philopator，即埃及豔后），世人稱之「為愛而生、為愛而死的女人」。她是古埃及托勒密王朝（Ptolemaic dynasty）的末代女王。

然而，自克麗奧佩脫拉以女王的身分登基以來，她唯一關心的事情只有「如何保住自己的王位」。

克麗奧佩脫拉對男性的喜好非常從一而終。她總會喜歡上勇於依照自己的想法行動又握有權力的男人。

她會在對方面前演出墜入愛河的模樣，並思索著如何才能瞬間贏得他們的心。

歷史文獻記錄下了克麗奧佩脫拉完美掌握並實行這些招數時，她那身經百戰的模樣。

★成為親弟弟的妃子——十幾歲少女克服試煉

克麗奧佩脫拉十八歲的時候，她的父王托勒密十二世（Ptolemy XII Auletes）去世了。對王室家族來說，無論是發動戰爭或是舉辦婚事，都要依照古埃及王室的規矩。因此在活著的王子和王女之中，最年長的克麗奧佩脫拉的結婚對象，就必須是小她八歲、當時年僅十歲的弟弟（後來的托勒密十三世）。

克麗奧佩脫拉若想要成為女王，就必須找到一位血親擔任她的共同統治者，因此她與弟弟的婚姻勢在必行。對克麗奧佩脫拉來說，她第一個不能失去的男人，就是自己的親弟弟。

西元前五十一年，克麗奧佩脫拉的弟弟僅有十歲，尚無法與她分擔政事，這對野心勃勃的克麗奧佩脫拉來說，絕對是一個掌握實權的絕佳機會。

然而，弟弟的成長卻超越她的想像。不到幾年的時間，他便迎來了青春期，甚至開始憎恨旁若無人的姊姊。在下屬的慫恿之下，他將克麗奧佩脫拉囚禁起來，剝奪了她女王的權力。失去權力的克麗奧佩脫拉在婚後第三年，也就是西元前四十八年十月之時，計畫藉由倒戈且曾經攻打埃及王國的羅馬實權者尤利烏斯．凱撒（Julius Caesar），來奪回自己失去的權位。為了獲得羅馬實權者的協助，儘管克麗奧佩脫拉必須付出讓埃及成為羅馬屬國的代價，但只要能滿足她「奪回並鞏固自己埃及女王的寶座」這個唯一需求，一切並不足惜。

為了躲避弟弟和侍衛的監視，克麗奧佩脫拉採取了非常大膽的行動。她把自己裹在一塊獻給凱撒的絨毛地毯之中，混入運送的貨物裡頭。

當美麗的克麗奧佩脫拉從絨毯中現身時，五十三歲的凱撒對這個禮物感到又驚又喜。因為凱薩本身一直相當喜歡這類型的驚喜，他就是這樣的男人。

雖然根據羅馬人的愛情觀，女人自己投入男人的懷抱不僅粗俗也是禁忌，但這裡是埃及，一個異國城市。對性喜鋪張的凱撒來說，他一定會喜出望外吧？這一切都在克麗奧佩脫拉的掌握之中。

▲埃及豔后和凱薩會面的場景，1866 年

凱撒介入仲裁之後，埃及遂回復到姊弟共治的狀態，然而弟弟托勒密十三世卻對此不服，導致雙方對立，最終迎來戰死的命運。托勒密十三世死後，克麗奧佩脫拉同父異母的妹妹即位成為阿爾西諾伊四世（Arsinoe IV），為了讓埃及再次獨立，她試圖率軍反擊，卻敗於羅馬軍並遭到俘虜。

★尋找「下一個男人」，女王的貪婪目光

因為與凱撒結盟，克麗奧佩脫拉順利除掉了討厭的弟妹，且懷了凱撒的孩子。孩子出生後，兩人將這個男孩命名為凱撒里昂（Caesarion）。或許是因為凱撒始終沒有完全放下對克麗奧佩脫拉的戒心，故他並未將凱撒里昂指定為繼承者，然而這卻正中克麗奧佩脫拉的下懷。

此時，克麗奧佩脫拉集凱撒的寵愛於一身，未來極有可能跟自己的兒子凱撒里昂共同統治埃及，她可以從此過著高枕無憂的生活……。但是好景不常，凱撒遭到

暗殺，克麗奧佩脫拉不得不開始尋找下一個後盾。

凱撒死後，羅馬共和國的實權掌握在三個人的手中。其中一位掌權者是馬克·安東尼（Marcus Antonius），他來到埃及並與克麗奧佩脫拉會面。

一般來說，兩人的會面應該是最為糟糕的場面。因為在馬克·安東尼前往埃及之前，他曾經在希臘和小亞細亞半島與敵軍交戰，而克麗奧佩脫拉曾經援助他的敵人。

然而，克麗奧佩脫拉卻乘坐一艘船尾為金、船槳為銀，船帆染上被稱為帝王色的紫色船隻，伴著樂師演奏的樂音，款款而來至會面現場。而且，她來到現場之後也不下船，一直待在船上。安東尼無法克制自己的好奇心，就這樣被引入船中，兩人初次見面的宴會也就此展開。

★克麗奧佩脫拉喝下的「珍珠」及其真面目

一盤盤豐盛的大餐被送上餐桌，盛裝在鑲滿閃耀珠寶的金色餐盤裡。到了此時，安東尼早已經失去質問克麗奧佩脫拉的力氣了，他反倒稱讚她的熱情好客：「如此奢侈的宴會，應該相當昂貴吧」。克麗奧佩脫拉充滿自信地回覆道：「這個程度的金錢對我來說不算什麼」，她並與安東尼約定：「明天，我會讓你見識更豪華的宴會」。

翌日，克麗奧佩脫拉確實擺出了相當豪華的盛宴，但對安東尼來說，卻仍在預料之中。然而就在宴會的尾聲，克麗奧佩脫拉讓安東尼目睹了她名留青史的「某個行為」：那就是將一只價值驚人的巨大珍珠耳環「撲通」地丟入食用醋之中，然後將溶解珍珠的液體一口氣喝下（出自老普林尼〔Pliny the Elder〕的《博物誌〔*Natural History*〕》）。

從科學的角度來看，即便那杯醋的酸度足以造成胃穿孔，也不可能瞬間溶解珍珠。老普林尼也記載：「品質低劣的珍珠一定要碾碎之後再放入醋中溶解。乾燥之後的粉末能用作治療痛風的藥物」。他之所以特地強調「務必先碾碎」，是因為如果直接把珍珠放到普通的醋裡面，珍珠根本不可能溶解的。老普林尼對這一點言之鑿鑿。

可是，即使老普林尼多麼地博學多聞，也不可能輕易編造出克麗奧佩脫拉喝珍珠的故事。所以筆者推斷，這段傳說雖有其誇大之處，但應該是真實發生過的事，並非編造而來。

那麼，克麗奧佩脫拉丟到醋裡面瞬間溶解的東西是什麼？那不是真正的珍珠，而是一顆巨大的砂糖球吧？

大約在這個時期，印度開始種植砂糖。回頭想想，當初把砂糖從印度帶到埃及的人，就是克麗奧佩脫拉的祖先托勒密一世（Ptolemy I Soter）。

雖然在埃及王室當中，大多使用蜂蜜和水果作為料理的甜味劑，但是克麗奧佩脫拉很有可能為了這個場合，特地用砂糖製作一條像極了珍珠的項鍊。加上當時天色已晚，只要克麗奧佩脫拉先說這是珍珠，那麼在那群酒酣耳熱的人們眼中，白色的砂糖球看起來也會閃耀著像珍珠一樣的光芒。

克麗奧佩脫拉膽大妄為的程度，足以讓她的賓客嚇破肝膽。她在宴會上所展現的，正是這震懾全場的氣度。

★直到最後一刻，她都是「自視甚高」的女王

克麗奧佩脫拉大膽的舉止，不僅讓大家忘了她先前的背叛行為，更成功勾起了敵人安東尼的注意。

克麗奧佩脫拉展現聰明才智的這一面，已經被遺忘在歷史的洪流當中了。文藝復興時期的義大利作家薄伽丘（Giovanni Boccaccio）就曾信誓旦旦地說道：「克麗奧佩脫拉聞名於世的只有美貌」。然而筆者認為，克麗奧佩脫拉不只有著美麗的外表，還擁有敏捷的思緒，是一位具有傳奇色彩的女性。

只是，安東尼意亂情迷的程度，超出了克麗奧佩脫拉的想像。他看似沒有率領軍隊返回羅馬的意思，算是趁了克麗奧佩脫拉的心意。然而她沒有想到的是，因為自己讓安東尼失去戰意，羅馬共和國視自己為敵，甚至額外派兵到埃及來。

帶兵前來的奧古斯都（Caesar Augustus，凱撒的養子）冷靜又沉著；身心都沉溺在溫柔鄉裡的安東尼當然不是他的對手。安東尼和克麗奧佩脫拉的聯軍也因此輕易地敗下陣來。

克麗奧佩脫拉終其一生，都為了保住自己埃及女王的寶座奔走，或許就像安東尼選擇在自己完全敗北之前用自殺結束自己的生命，她也選擇在仍保有女王身分的時候終結自己的一生。根據侍女的說法，克麗奧佩脫拉是在睡夢中身亡的，因此她喝的應該不是傳聞的眼鏡蛇毒，而是具有催眠效果的毒藥。

31

隱藏在甜美砂糖史裡的「被斷臂的奴隸」

從十七世紀後期開始約一百年間，歐洲諸國不斷進步，國力變得愈來愈富強。而「砂糖」與「奴隸」便是支撐一切進步的兩個主要因素。

歐洲人想要以更便宜的價格購買白色的精緻砂糖，而奴隸的存在，能夠協助他們滿足此一需求。過去，砂糖的價格非常高昂，是只有上流階級才能享用的奢侈品。但是現在只要犧牲幾個奴隸，就能壓低砂糖的價格，讓各式料理和甜點的食譜變得更加豐富。

即便如此，砂糖仍然相當高貴，其昂貴的程度甚至「可以換取同等重量的金銀」。

先來看看十六到十七世紀之間，英國女王伊莉莎白一世在位期間砂糖的市場價格吧！當時，一磅砂糖的價格約是二十先令（出自的 Fumita Ojima 的「Money in Shakespeare」）。

跟金子的價格相比確實便宜許多，即便如此，仔細換算會發現：五十克以下的砂糖其實等於可以買到一克金子，以現代日本的貨幣來換算，大概是三大匙加上一小匙砂糖的價格，就等於七千日圓左右的地步。那麼五十克的砂糖是什麼概念呢？大概是能夠製作四個沒有很甜的布丁的份量吧。

當時四個手工布丁的價格，已經可以到一般的法式糕點店購入兩個左右的大蛋糕了。即便價格並沒有真的貴到「可以換取同等重量的金銀」的地步，不過，在當時，只要是用砂糖製作的甜點，或是用砂糖調味的料理也稱得上是高級品了。

★砂糖開始被端上庶民的餐桌

伊莉莎白一世因為過於喜歡甜食，導致她的牙齒變黑，也就是滿口蛀牙的狀況，在當時其實就是一種「富貴病」。

對庶民來說，若要吃到甜的東西，他們只能從蜂蜜或「甜菜」這種蔬菜當中勉強萃取一些糖分來使用，就像古埃及、古羅馬時代的人一樣。

然而，從十七世紀後期開始，英國、法國等擁有較多殖民地的國家，特別是在赤道附近的南國地區擁有大量殖民地的宗主國，利用這些土地良好的氣候環境，開始大規模栽培甘蔗，發展種植甘蔗的農園。

到了十八世紀後，據說砂糖的價格已經比一百年前的價格便宜三分之一以上。當然，砂糖的身價依然相當高，這一點無庸置疑，但是其出現在庶民餐桌上的機率正在逐漸攀升。

甜食令人上癮，人們對砂糖的需求量愈來愈大。有些富可敵國的商人甚至過著比一國之主更加奢侈的生活。然而，這樣豐衣足食的生活卻建立在奴隸的勞動之上。

★狀況過於惡劣的奴隸船

被派往製糖的奴隸們大多來自於非洲。這些可憐的奴隸之所以離開家園，絕非出於個人的意願。

為了取悅當地統治者，非洲諸國用戰俘向英法等國換取進口寶石和武器等商品。這些非洲奴隸便在這樣的背景下被送往歐洲。

被俘虜的奴隸們會被帶到港口城鎮，並在那裡被裝進奴隸船中。一艘普通的奴隸船（三百二十噸的中型船舶）大約可以運送四百五十個左右的奴隸。

從非洲到西印度群島的這段路程裡，一位成年男性奴隸被分配到的空間約長一．八公尺、高七十八公分、寬四十公分，他們只能平躺著，完全無法動彈。女性和小孩分配到的空間更小，他們被鎖在船底的木地板上。而奴隸人數超過船的實際容量，也是經常發生的事。

奴隸們兩兩一組被戴上手銬腳鐐，連移動身體都非常困難。在這樣的環境當中，奴隸們雖然有食物可吃，仍然經常在一覺醒來，發現隔壁的人早已沒了呼吸。

可想像到，船上的衛生狀況極端惡劣，在短則三個月、長則將近一年的航海期間，經常爆發傳染病。一般來說，運送期間通常會有高達百分之二十至三十的奴隸死亡；狀況較差的時候，甚至會失去一半以上的奴隸。

★一份「用斧頭砍斷同伴手臂」的恐怖工作

當船隻抵達目的地，即便奴隸們苟延殘喘地勉強存活下來，接下來等待著他們的，卻是更殘酷的地獄。那就是製糖的工作。

當時，西印度群島藉由奴役奴隸，使製糖業得以蓬勃發展。據說在所有的工作之中，「沒有比生產砂糖更辛苦的工作了」。製糖是一個麻煩又費時的過程，光是栽培甘蔗，就得花上一年半的時間，然後經過採伐、榨汁、收汁等過程，才能將完成的砂糖裝袋。

甘蔗只要一砍下來，就會開始變質，因此必須盡快放入榨汁機，把甘蔗汁擠壓出來。可是，使用榨汁機藏有一定的危險，因為手指可能會被高速旋轉的滾筒夾住，一點都不安全。

更恐怖的是，如果手指真的被夾住了，現場也絕不會進行救護行動，而且為了不耽誤生產，別人還會拿起現場常備的斧頭直接把你的手臂切斷。「立刻砍斷手臂」——這項艱鉅的工作，據說被交付給機械監控人員負責。他們通常是身體已有殘疾，無法自由移動的奴隸。

在一般的製糖工廠裡，大約有二十五名左右的男女奴隸被迫每天工作，並且每隔兩到三天就須徹夜工作一次。

每週只有「週六晚上到週一早上」的這段時間，奴隸們可以離開工作崗位，略微喘一口氣。在這樣殘忍的環境之中，許多奴隸根本支撐不下去，一個接一個地倒下、死亡。

★奴隸的生命比砂糖廉價

十八世紀後期，被運到西印度群島的巴貝多島（Barbados）的奴隸數量，一年平均四千四百人左右。根據文獻記載，在一七六四年到一七七一年這八年之間，約有三萬五千名奴隸被輸往巴貝多島，然而當地奴隸的人口在這段期間內卻僅增加了三千四百人。

也就是說，八年來約有三萬左右的奴隸在當地死亡。

根據另一項有關巴貝多島的紀錄，奴隸是一種「拋棄式商品」，用買的比自己養更便宜，只要一公噸砂糖的價格（時價）就能購得。

而奴隸每人每年的砂糖生產量，大約是一百公斤左右。換句話說，一個奴隸生產一公噸的砂糖，需要花十年的時間；代表糖廠買下一個奴隸只要能用十年，就算是回本了。

這些非洲奴隸不只被輸出到西印度群島，也被輸出到美國、巴西等世界各地許多國家。

製糖工業完全仰賴奴隸的生態，導致相關技術停滯，難以繼續創新。當然，從人道主義的角度來看，奴隸制度注定遭到廢除，但那是十九世紀後期才會發生的事了。為了壓低砂糖等作物的價格，許多人失去了寶貴的生命。

白人與黑人明明只有外觀上的不同而已，人類對待所謂「他者」，究竟能夠殘酷到何等地步？在甜蜜故事的背後，隱藏著一段黑暗的真實歷史。

32

拿破崙之妻——約瑟芬皇后令人咋舌的「美麗執著」

一躍崛起成為法國皇帝的拿破崙，本是出身於科西嘉島（Corse）的一介貧窮貴族。他和妻子約瑟芬皇后（Empress Joséphine）之間的關係一直相當微妙。

拿破崙和約瑟芬於一七九六年結婚，根據結婚證書上的記載，兩人雖然都是二十八歲之齡，然而事實上約瑟芬當時已經三十二歲，而拿破崙只有二十六歲。除了年齡記載不實以外，上頭還有類似「丈夫必須支付妻子終生年金」這樣的約定，可以看出兩人結婚當時，約瑟芬處於壓倒性的優勢立場。

然而，隨著拿破崙一步一步往高位爬，兩人之間的權力關係也產生了變化。不知道從什麼時候開始，取悅小自己六歲的年輕丈夫，似乎成了約瑟芬的義務。

★「為丈夫」付出一切的每一天

為了配合丈夫的作息，即使是晚睡的日子，約瑟芬的一天仍需從早上九點開始。約瑟芬每天睜開雙眼的第一件事，便是在床上飲用煎茶或檸檬水，再下床使用銀製的沐浴設備完成梳洗。

梳洗後，便是妝點自己的時間。約瑟芬沒有化妝師，她自行琢磨出讓自己看起來更年輕的化妝方式，花上三個小時細細地妝點面容與頸部。多虧她每日細心照料，據說約瑟芬即便年過四十，看起來仍像二十幾歲一樣年輕。

完妝後，約瑟芬來到更衣室，在琳瑯滿目的禮服之中，挑選出一套洋裝穿上。根據一八〇九年的史料記載，約瑟芬總共有兩百套的夏日洋裝、七百套的冬日洋裝，鞋子亦高達數百雙。

由於衣物不斷增加，約瑟芬會以每年兩次的頻率，將這些衣物贈送給侍女和僕人。很多衣服她甚至一次都沒有穿過。

當然，無論是服裝或是妝容，約瑟芬都迎合拿破崙的喜好。為了配合身材矮小的拿破崙，約瑟芬鞋櫃裡的鞋子也大多是低跟鞋。

▲約瑟芬皇后畫像，1807-1808 年

★拿破崙「喜歡腮紅」？

除此之外，約瑟芬也總是會在臉上塗抹濃郁的腮紅。

據說有一次，約瑟芬嘗試將腮紅的顏色加重一些時，拿破崙看了大為歡喜，甚至到處鼓吹宮廷中的女性多多使用腮紅。

有一句諺語是「英雄難過美人關」，拿破崙也不例外，屢屢發生類似情事。

而在宮廷當中，有一位女性是約瑟芬相當在意的競爭對手。

她就是自己的侍女杜沙特夫人（Marie Antoinette Adèle Duchâtel）。她和拿破崙之間奇妙的化學反應讓平常心胸相當寬大的約瑟芬也無法掩飾自己的焦躁。想得知一位女性和拿破崙之間關係的深淺，甚至可以從她腮紅顏色的深淺一窺究竟。

杜沙特夫人和丈夫離婚後，一直覬覦著拿破崙身旁的后座。在拿破崙本人因為這份野心而厭倦這段關係之前，約瑟芬和杜沙特夫人彼此爭奇鬥豔，不斷地將腮紅的顏色愈塗愈濃。

對一個坐擁莫大資產和至高權力的丈夫來說，他只希望妻子能「美貌長存」。對妻子本人來說，她的生活在旁人的眼中是如此地豪華又奢侈。

為了迎合丈夫，用心保養肌膚、認真化妝的日子，就是約瑟芬的日常。每一天，她似乎都在一點一滴地失去自我，有時候，她甚至感覺到自己就像被蠶絲緊緊束縛一般，痛苦得喘不過氣。

33

追求流行的代價——與梳子一同燃燒的女人

據說梳子是歷史最悠久的美容工具。

自古以來，具有光澤感的長髮一直是女性美麗的象徵之一。也因此，梳子總是女性生活當中不可或缺的一部分。

後來，梳子開始成為一種髮飾，廣泛受到女性的歡迎。從十九世紀前期開始，一種將長髮高高挽起再用豪華的髮梳來裝飾的髮型開始在歐美社交界的名媛淑女之間流行起來。鑲嵌著玳瑁、珍珠等珠寶的梳子，也成為上流社會之中最經典的結婚禮品。

用梳子來裝飾頭髮也像在對周遭的人表明「我是已婚女性」，故成為一種已婚身分的象徵。

然而，作為裝飾的玳瑁的原料是龜殼。玳瑁愈受人們歡迎，價格就愈高，甚至可以高達三倍以上。從避免虐待動物的觀點來看，有必要開始尋找可以替代的商品。

★時尚總是「與危險並進」

如此這般，下一個被開發出來的商品是以賽璐珞製成的梳子。賽璐珞是塑膠的一種，是以硝化纖維和樟腦為主要原料製成的合成樹脂，不僅便於加工，價格也相當低廉，因此很快便在市場上流行起來。

這項商品自一八六〇年推出之後，只花了約莫十年左右的時間，便出現另一種更便宜、更大眾化的賽璐珞梳。但是，這次的替代商品卻有著相當程度的危險性。

這種賽璐珞梳的外觀看起來和高級的賽璐珞沒有什麼不同，但是因為製作素材更為便宜、安定性更低的關係，所製作出來的成品相當不耐熱。頭上戴著這種便宜的賽璐珞梳，只要在暖爐旁邊待上一個小時左右，梳子便會起火，導致「女性頭部起火燃燒」這樣的事件在當時層出不窮。

當時甚至還傳出恐怖的爆炸事件。據說是一位想要清理壁爐的女性，在蹲下的那一瞬間梳子就著火爆炸了，引起了相當大的騷動。

賽璐珞雖然美麗，卻隱藏著致命的危機。可怕的是儘管它可能致命，人氣卻仍然歷久不衰。

然而隨著時代變遷，時序來到二十世紀初期。當鮑伯短髮開始在摩登女性之間大受歡迎，賽璐珞梳這類髮飾的人氣也開始凋零，漸漸地被遺忘在時代的洪流之中。

參考文獻

・《偉人たちのあんまりな死に方：ツタンカーメンからアインシュタインまで》ジョージア・ブラッグ著，梶山あゆみ翻譯，河出書房新社出版。
・《解剖医ジョンハンターの数奇な生涯》ウェンディムーア著，矢野真千子翻譯，河出書房新社出版。
・《輸血医ドニの人体実験科学革命期の研究競争とある殺人事件の謎》ホリータッカー著，寺西のぶ子翻譯，河出書房新社出版。
・《スミスマルクスケインズ：よみがえる危機の処方箋》ウルリケヘルマン著，鈴木直翻譯，みすず書房出版。
・《ヒトラーのモデルはアメリカだった：法システムによる「純血の追求」》ジェイムズ Q. ウィットマン著，西川美樹翻譯，みすず書房出版。
・《回想のドストエフスキー 1～2》アンナグリゴーリエヴナドストエフスカヤ著，松下裕翻譯，みすず書房出版。
・《ヘーゲル：理性と現実》中埜肇著，中央公論新社出版。
・《イソップ寓話その伝承と変容》小堀桂一郎著，中央公論新社出版。
・《聖なる王権ブルボン家》（講談社選書メチエ）長谷川輝夫著，講談社出版。

・《ナポレオンが選んだ3人の女――フランス皇帝の大奥》川島ルミ子，講談社出版。
・《ローマ皇帝伝下》（岩波文庫）スエトニウス著，國原吉之助翻譯，岩波書店出版。
・《年代記下：ティベリウス帝からネロ帝へ》（岩波文庫）タキトゥス著，国原吉之助翻譯，岩波書店出版。
・《疫病の時代》酒井シヅ編、村上陽一郎等人著，大修館書店出版。
・《英国王室史話》森護著，大修館書店出版。
・《コロンブスの不平等交換：作物奴隷疫病の世界史》山本紀夫著，KADOKAWA 出版。
・《排出する都市パリ：泥ごみ汚臭と疫病の時代》アルフレッドフランクラン著，高橋清徳翻譯，悠書館出版。
・《ヴィクトリア女王の王室：側近と使用人が語る大英帝国の象徴の真実》ケイトハバード著，橋本光彦翻譯，原書房出版。
・《マリーアントワネットの髪結い：素顔の王妃を見た男》ウィルバショア著，阿部寿美代翻譯，原書房出版。

・《リンカン上下》ドリスカーンズグッドウィン著，平岡緑翻譯，中央公論新社出版。
・《不肖の息子：歴史に名を馳せた父たちの困惑》森下賢一著，白水社出版。
・《ベンサム》永井義雄著，研究社出版。
・《消えた死体：死と消失と発見の物語》ジャンニディヴィス著，堀口容子翻譯，グラフィック社出版。
・《歯痛の文化史：古代エジプトからハリウッドまで》ジェイムズウィンブラント著，忠平美幸翻譯，朝日新聞出版。
・《ボニー & クライド》ジョントレハーン著，河合修治翻譯，中央アート出版社出版。
・《マルコポーロは本当に中国へ行ったのか》フランシスウッド著，粟野真紀子翻譯，草思社出版。
・《東方見聞録：［完訳］》マルコポーロ著，愛宕松男翻譯，平凡社出版。
・《ヴェネツィアの冒険家：マルコポーロ伝》ヘンリー H ハート著，幸田礼雅翻譯，新評論出版。

・《ルソー》中里良二著，清水書院出版。
・《ベーコン》石井栄一著，清水書院出版。
・《一八一二年の雪モスクワからの敗走（新版）》両角良彦著，朝日新聞社出版。
・《ドビュッシー》松橋麻利著，音楽之友社出版。
・《盗まれたエジプト文明ナイル5000年の墓泥棒》篠田航一著，文藝春秋出版。
・《感情の歴史Ⅰ古代から啓蒙の時代まで》アランコルバン監修，ジャン＝ジャッククルティーヌ等監修著，藤原書店出版。
・《死を招くファッション服飾とテクノロジーの危険な関係》アリソンマシューズデーヴィッド著，化学同人出版。
・《明智光秀と細川ガラシャ》井上章一著、呉座勇一著、フレデリッククレインス著、郭南燕著，筑摩書房出版。

因為篇幅關係省略部分外語參考文獻。

英雄也有這一面：

不要問，很可怕！華盛頓拔黑奴牙齒做假牙？愛迪生跟鬼講電話？
33 個讓你睡不好的歷史顫慄真相

作　　者　堀江宏樹
譯　　者　吳亭儀
責任編輯　陳姿穎
內頁設計　江麗姿
封面設計　任宥騰

行銷企劃　辛政遠、楊惠潔
總 編 輯　姚蜀芸
副 社 長　黃錫鉉
總 經 理　吳濱伶

發 行 人　何飛鵬
出　　版　創意市集

展售門市　台北市民生東路二段141號7樓
製版印刷　凱林彩印股份有限公司
初版一刷　2022年11月
I S B N　978-626-7149-17-1
定　　價　390元

發　　行　英屬蓋曼群島商
家庭傳媒股份有限公司城邦分公司
歡迎光臨城邦讀書花園
網址www.cite.com.tw

香港發行所　城邦（香港）出版集團有限公司
香港灣仔駱克道193號東超商業中心1樓
電話：(852) 25086231
傳真：(852) 25789337
E-mail：hkcite@biznetvigator.com

馬新發行所　城邦（馬新）出版集團
Cite (M) Sdn Bhd
41, Jalan Radin Anum, Bandar Baru
Sri Petaling, 57000 Kuala Lumpur,
Malaysia.
電話：(603) 90563833
傳真：(603) 90576622
E-mail：services@cite.my

若書籍外觀有破損、缺頁、裝訂錯誤等不完整現象，想要換書、退書，或您有大量購書的需求服務，都請與客服中心聯繫。

客戶服務中心
地址：10483台北市中山區民生東路二段141號B1
服務電話：（02）2500-7718、（02）2500-7719
服務時間：周一至周五 9：30～18：00
24小時傳真專線：（02）2500-1990～3
E-mail：service@readingclub.com.tw

國家圖書館出版品預行編目 (CIP) 資料

英雄也有這一面：不要問，很可怕！華盛頓拔黑奴牙齒做假牙？愛迪生跟鬼講電話？33個讓你睡不好的歷史顫慄真相/堀江宏樹著；吳亭儀譯. -- 初版. -- 臺北市：創意市集出版：英屬蓋曼群島商家庭傳媒股份有限公司城邦分公司發行, 2022.11
面；　公分

ISBN 978-626-7149-17-1(平裝)

1.CST: 世界史

711　　111011689